AF509494

# Brasil:
## Escola de Almas

## Romance Espírita

Ditado pelo
## Irmão Metelo

Psicografia
## Mario Mazzei

**Copyright©2023**

Editoração Eletrônica:  Mario Mazzei
Revisão de texto: Ione de Freitas Dias
Capa: Mario Mazzei
Editora: Sementes da Boa Nova
Gráfica: Amazon.com

Dados Internacionais de Catalogação na Publicação (CIP)
(Câmara Brasileira do Livro, SP, Brasil)

Metelo (Espírito)
    Brasil : escola de almas / ditado pelo irmão
Metelo ; [psicografado por] Mario Mazzei. --
1. ed. -- Ubatuba, SP : Sementes da Boa Nova :
Associação Espírita Sementes da Boa Nova, 2023.

    ISBN 978-65-996858-2-8

    1. Romance espírita 2. Psicografia I. Mazzei,
Mario. II. Título.

23-186031                                    CDD-133.93

Índices para catálogo sistemático:

1. Romance espírita psicografado    133.93

Aline Graziele Benitez - Bibliotecária - CRB-1/3129

Todos os direitos autorais deste livro serão revertidos para as
Obras Assistenciais da Associação Espírita Sementes da Boa Nova
CNPJ 31.278.044/0001-01
Av. D. Maria Alves, 1436 – Umuarama
Ubatuba – SP – CEP 11690-444
contato@sementesdaboanova.org

# Sumário

## Nota do Autor Espiritual

A nobreza de um ser retrata-se por suas ações e atitudes e, por pior que as circunstâncias castiguem a sua alma, sua postura assemelha-se, na maioria das vezes, tal qual a figura de um lago espelhado a refletir toda a sorte de acontecimentos que perpassa em sua lâmina d'água, seja o brilho suave do luar ou o faiscar dos relâmpagos nas violentas tempestades.

Nosso valoroso Dom Pedro II assim se portou em toda a extensão de sua jornada missionária em terras brasileiras. Bem certo que, em determinados momentos de sua vida, conflitos extremos assomaram-se de forma preocupante à sua alma, traduzindo-se em vigílias sacrificiais. Mas mesmo nestas, sempre encontrara alguns intervalos para a leitura edificante, cujas passagens lhe traziam inspiração para a intrincada condição de monarca brasileiro. Acompanhando *Tolstói* e *Hugo*[1], muitas vezes, fortalecia-se com as tramas, de modo a revertê-las em ideais de vanguarda, em prol das terras do Cruzeiro.

Nunca se queixara com os seus subordinados ou com os familiares e, mesmo no fim de sua jornada e nas sucessivas complicações físicas que tivera, em especial a diabetes e as renais, procurara não demonstrar as suas carências e deficiências, de modo

---

[1] **Liev Nikoláievich Tolstói**, mais conhecido como Leon Tolstói (1828-1910), russo, foi um dos maiores escritores de todos os tempos. **Victor-Marie Hugo** (1802-1885) foi poeta, dramaturgo, artista, estadista francês de grande atuação política.

a não preocupar aqueles pertencentes ao seu círculo mais íntimo. Seu ritmo frenético de trabalho sempre foi motivo de espanto e de comentários por parte da corte. Era uma pessoa com uma excepcional capacidade de enxergar novas frentes de desenvolvimento e isto fez com que o Brasil chegasse a quinta economia mundial[2], angariando o respeito dos grandes estadistas de sua época. Sua figura austera e nobre justificava todo o esforço que lograra para que o Brasil se destacasse no cenário mundial.

Entrementes, essa feliz condução não fora suficiente para que, aos poucos, os ideais republicanos sufocassem as suas mais nobres ambições, levando-o, algumas vezes, a desabafar em círculo íntimo: *"Se o Brasil não mais me aceita, que venha a República..."*, demonstrando, subliminarmente, aquiescência emocional ao futuro regime político governamental. E cansado das diversas lutas íntimas e exteriores que travara por mais de cinquenta anos consecutivos, foi se permitindo afastar-se das grandes decisões, deixando-as a cargo de alguns homens, nos quais depositou confiança por muitos anos. E mesmo estes,

---

[2] O jornalista e historiador Hélio Vianna indica que o PIB em 1889 era de 500.000:000$000 (taxa de crescimento anual de 4,81% desde 1840). O historiador Boris Fausto, comparando a economia brasileira com a americana e a dos países europeus, a partir de 1850, disse que foi "muito boa". Segundo o historiador Manuel de Oliveira Lima, o Brasil do último ano da monarquia era "próspero e respeitado". O historiador Heitor Lyra disse: *"O Império, sob o ponto de vista do progresso e do desenvolvimento material do país, não foi o atraso e a estagnação, de que ainda hoje é acusado por quantos não se querem dar ao trabalho de estudar e conhecer melhor esse período da nossa História. E a verdade é o que o Brasil era, de fato, e de direito, sob este e outros aspectos, a primeira Nação da América Latina. Essa hegemonia ela iria conservar até o último dia da Monarquia".*

em vários momentos, esforçaram-se em animar o valoroso monarca a lutar por sua permanência e pela manutenção do regime monarquista.

Todo regime novo sofre necessariamente um período de adaptação entre ajustes de ordem político-sociais e pragmáticos e, para vencer tais obstáculos, muitas vezes, ocorrem caos, sacrifícios e descompassos, até que naturalmente as engrenagens se ajustem, desgastando aqui e ali, apertando ou afrouxando esta ou aquela peça, para que, finalmente, estabeleçam-se a ordem e a sintonia.

Quando Deodoro da Fonseca assumira o governo da República, após dez lustros de monarquia com a ascensão de D. Pedro II, o novo regime sofreu inevitáveis perturbações que perdurariam quase um século para, enfim, harmonizar-se com a chamada democracia, herança de nossos antepassados romanos. Neste interregno, foram pelo menos vinte e cinco altercações de poder[3], entre parlamentarismo, presidencialismo e ditaduras. Nestes quase dois séculos entre a monarquia e a democracia, o país viveu altos e baixos, perdas e danos, forjando o seu povo no cadinho da *Purificação Espiritual*.

Não podemos nos furtar da chamada lei de retorno, onde cada um vive e experimenta aquilo que um dia semeou, seja individual ou coletivamente. O

---

[3] De acordo com a historiadora Dana Gardner Munro, o regime republicano que sucedeu a queda da monarquia revelou-se altamente instável. Em "*pouco mais de um século de existência, a República Brasileira enfrentou doze estados de emergência, dezessete Atos Institucionais, o Congresso Nacional, dissolvido seis vezes, dezenove revoluções militares, duas renúncias presidenciais, três presidentes impedidos de assumir o cargo, quatro presidentes depostos, sete Constituições diferentes, quatro ditaduras e nove governos autoritários*".

povo recolhe, nas ações de seus governantes, a justa pauta de suas necessidades espirituais. Autocratas, juízes, políticos, fazendeiros, comerciantes, soldados, funcionários públicos e tantos outros que perpetraram, em passado distante, o jugo do poder, da luxúria, da violência e do egoísmo, retornam ao palco das provações para resgatarem, diante da política injusta, do salário desproporcional, da imparcialidade judiciária e econômica, da injustiça social, tudo aquilo que outrora semearam.

Por conseguinte, a lei justa e sublime coloca cada um onde deve estar, sendo que cada povo tem o governante que lhe faz jus, embora cada qual deva se esforçar, no limite de suas forças, para amenizar as dificuldades de ordem social, além, é óbvio, da individual.

Em toda a História mundial nunca existiu uma transição de regime monarquista para a República como houvera no Brasil. O respeito e a admiração que Dom Pedro II despertara no povo, que em sua maioria esmagadora não queria a troca de regime, também era desfrutado por aqueles que tomaram o poder. Deodoro, Benjamin, Quintino, Lobo, Rui Barbosa e tantos outros também nutriam profundo respeito, estima e consideração pelo monarca e não foram capazes de encará-lo face a face no momento de sua deportação para Portugal, designando para tal, os seus subordinados. Praticamente sem a companhia de nenhum amigo, com exceção de Drummond e

*Tamandaré*[4], que o acompanharam até o *Vapor Parnaíba* na calada da madrugada, o valoroso monarca e sua família embarcaram  para o futuro exílio.

É sempre primoroso observar a realização de tarefas, cujas dificuldades suplantam o usual, o comum, pois exigem, em contrapartida, dedicação, esforço e determinação, virtudes que, quando conquistadas, contribuem para o crescimento de seu realizador e de todos aqueles que delas se beneficiam. Há um jogo por trás do sistema político de todas as nações, os interesses particularistas e posicionamentos tendencionistas são os mais comuns na diretriz de tal princípio, e para jogá-lo, necessário se faz ter poder e prestígio. O poder, muitas vezes, só é conquistado com o sacrifício de variada contingência: de pessoas, de negócios, de oportunidades, de amizades e principalmente de confiança, pois, muitas combinações, aparentemente positivas para ambas as partes, são quebradas de forma a vincularem-se a uma única, prejudicando todos os benefícios obtidos com tal partilha.

Além disso, observa-se que o orgulho e a vaidade norteiam a busca do prestígio, pois seria muito difícil sem eles ascender aos mais altos escalões em busca de melhores oportunidades. Portanto, ter prestígio é sinal de estar em melhores condições, nos

---

[4] Joaquim Marques Lisboa, Marquês de Tamandaré (1807 —1897), foi militar da Armada Imperial Brasileira e atingiu o posto de Almirante. Quando da Proclamação da República, o Marquês de Tamandaré permaneceu fiel a Pedro II do Brasil.

melhores locais e nas melhores horas, segundo as concepções humanas.

Desta forma decorre toda a trama política existente no cenário das nações. Bem certo é que a política, quando bem observada, carrega consigo a filosofia do bem coletivo. Seria, em última análise, a demonstração coletiva do princípio máximo de Jesus, de fazer ao próximo aquilo que gostaríamos que fosse feito a nós próprios.

Ah, queridos irmãos, quão longe está a humanidade desta máxima! Destarte, a verdadeira política está ainda distante neste mundo de provas e expiações e denotará longo e excessivo esforço por parte dos agentes administrativos e da coletividade, cujos administradores são eleitos pela lei da sintonia a refletir-se no senso comum.

No regime republicano, como em outros, percebemos claramente que as leis e a sua aplicabilidade são baseadas nos interesses grupais emergentes e dominantes, cuja pressão em torno do legislativo e do executivo é extremamente rigorosa, tornando a sua independência praticamente uma utopia.

Os quadros da incipiente *República Federativa Brasileira*, muitas vezes, eram delineados em pequenas mesas, regadas a *whisky* escocês e finas iguarias acessíveis a pequena parte da população. As diversas opiniões divergentes tornar-se-iam quase profanas, pois os debates, para o senso comum, eram improfícuos, terminando quase sempre na aceitação dos interesses setoriais, até então chamados oligárquicos[5] e, por causa disso, muitos intelectuais e liberais idealistas, que a princípio apoiavam a instauração da República, foram aos poucos se afastando, dando espaço aos representantes indicados dos setores econômicos produtivos do Brasil.

A luz da verdadeira democracia longe estava ainda dos ideais políticos brasileiros, embora as diretrizes divinas pré-estabelecidas estivessem traçadas e, cedo ou tarde, seriam atingidas. Jamais devemos esquecer que forças maiores conduzem as diretrizes individuais e coletivas de cada nação, que essas mesmas forças respeitam o nosso livre-arbítrio e esperam, de nossa parte, que saibamos agir na mais perfeita sintonia. Entretanto, se isso não acontecer, colheremos, pela lei do retorno, o sabor de nossas próprias decisões e atitudes e, quando tal situação exceder o tempo estipulado pela Providência, entrará em ação a Lei do Progresso, estabelecendo decretos que se sobrepõem ao livre-arbítrio, de forma a catapultar um grupo, uma sociedade, um país ou todo um planeta, forçando-os a buscar a Diretriz divina.

*Irmão Metelo*

---

[5] A oligarquia é caracterizada por um pequeno grupo de interesse ou *lobby* que controla as políticas sociais e econômicas em benefício de interesses próprios. O termo é também aplicado a grupos sociais que monopolizam o mercado econômico, político e cultural de um país, mesmo sendo a democracia o sistema político vigente.

## Introdução

Do alto da cruzeta e do grito de *"Terra à vista"* surgia algo mais significativo que uma nova descoberta, pois esta terra abençoada já estava designada pelo Cristo como Pátria do Evangelho. Expressivas falanges do bem já se movimentavam em prol do Cruzeiro, a fim de estabelecerem bases suficientes para a edificação da cruz neste abençoado solo. Esforços rigorosamente executados, sob a chancela do mais Alto desde o seu descobrimento, têm marcado fases consolidadoras neste país. Dos Emboabas aos Farrapos, das Garrafadas às Balaiadas, tais movimentos consolidaram, em moldes extra sociais, a personalidade de um povo.

Dos faustos e pseudo-glórias do passado para as sofridas reparações do presente, tendo em vista o corolário do futuro, caminham assim os Espíritos para o seu progresso. Não se edifica um alto edifício sem a estruturação de suas bases, tampouco se atinge o cume da montanha sem as asperezas da escalada. Sofrer é via de regra crescer, embora toda a consternação denote corrigenda e reajuste. Os princípios, que norteiam nossas vidas, buscam inexoravelmente a depuração moral, por isso os sofrimentos a que os Espíritos se submetem temporariamente não os impedem de observarem que tal sacrifício catapultá-los-á a maiores felicidades perenes.

Grandes mártires da História não se furtaram do martirológico a que foram submetidos, pois sua fé no futuro alimentava-os na coragem e na perseverança, fazendo-os avançar intimoratos em suas crenças. Viver é mais que um automatismo fisiológico, é lograr alcançar objetivos mais nobres, embora tantos irmãos, *"já estão mortos em vida"* como dizia o Cristo, pois passam por todo o processo buscando apenas o conforto e o bem-estar de si próprios, esquecendo que não agrada a Deus somente não praticar o mal, mas que seremos cobrados por todo o mal que se concretizou, por termos deixado de praticar o bem que deveríamos.

Das antigas estradas de Ferro Mauá e Sorocabana[6], restaram hoje apenas lembranças de uma época áurea, onde o avanço e o progresso foram características de uma história repleta de coragem, determinação e desenvolvimento. Poder-se-ia elencar, sem medo de ser tendencioso, que o período mais valoroso do Brasil fora o século XIX sobre os rastros do Iluminismo. A pátria do Cruzeiro transformara-se pelo avanço industrial, cultural e social. Tais movimentos renovadores sempre causaram espanto, na maioria das vezes, pois ainda há no mundo entraves de forças negativas, que se opõem ao movimento natural de crescimento.

Isto também ocorreu com os homens de gênio em suas grandes realizações e descobertas para com

---

[6]A Estrada de Ferro Mauá, como é conhecida hoje em dia e oficialmente denominada Imperial Companhia de Navegação a Vapor e Estrada de Ferro de Petrópolis, foi a primeira ferrovia a ser estabelecida no Brasil em 1854. A Estrada de Ferro Sorocabana foi fundada em 1870, operando cinco anos mais tarde até outubro de 1971.

a humanidade, podendo citar Giordano Bruno[7], assim como Galileu, que foram incompreendidos e estigmatizados como lunáticos e obstados psíquicos em sua época, por tão somente divergirem do todo através de seus apontamentos. Tais mecanismos não se furtaram ao contraponto resistivo e a força da verdade sempre imperou, mesmo com o aparente fracasso de seus mártires que, acrisolados pela oposição da ignorância, resplandeceram em glória celeste, quando findadas as suas missões.

Destarte, assim ocorrera com Longinus[8] que, em época distante, aviltara pessoalmente o Mestre Jesus, com sua lança fratricida, para que, mais tarde, na figura de Dom Pedro II, alcançasse o voo mais alto em iluminada missão nas terras do Cruzeiro. Estigmatizado pelos ideais revolucionários e incompreendido por grande parte de seus contemporâneos, promoveu profundas modificações nos alicerces da *Pátria do Evangelho,* possibilitando bases seguras para a construção do porvir.

Para o Espírito imortal, o tempo na Terra pouco representa no cronograma do sempiterno, pois toda a programação divina baseia-se em

---

[7]**Giordano Bruno** (1548-1600), teólogo, filósofo e escritor condenado à morte na fogueira pela Inquisição romana com a acusação de heresia.

[8] **Longinus** (grego: Λογγίνος) é o nome dado ao soldado romano não identificado que perfurou o lado de Jesus com uma lança; que nas tradições cristãs medievais e modernas é descrito como um convertido. Seu nome apareceu pela primeira vez no Evangelho apócrifo de Nicodemos. É tradicionalmente venerado como um santo na Igreja Católica Romana e na Igreja Ortodoxa Oriental. No Espiritismo, há a revelação no livro *Brasil, Coração do Mundo, Pátria do Evangelho,* obra mediúnica psicografada pelo médium mineiro Francisco Cândido Xavier e assinada pelo Espírito Humberto de Campos, publicada no ano de 1938, pela Federação Espírita Brasileira, que Longinus reencarnou como D. Pedro II, o último Imperador do Brasil.

acontecimentos sem solução de continuidade, que para os atados ao espaço-tempo, pouco observam e compreendem o progresso como forma linear, *"ad aeternum"* e *"ad infinitum"*[9], visão dada apenas aos Espíritos de escol, já libertos das influências mundanas. Assim sendo, percebemos que os objetivos sacrossantos do divino Governador vão se estabelecendo na medida e no tempo em que precisam ser estabelecidos.

Quando o Cristo afirmou que *"toda a planta que o Pai não havia plantado, seria arrancada"*[10,] mostrava-nos, de forma didática, que em todo o campo e em toda a gleba semeada ocorrem ervas daninhas e joio, que nascem e crescem de forma a atrapalhar o plantio, mas que, cedo ou tarde, serão arrancadas inexoravelmente, permitindo, por sua vez, o crescimento sadio da planta divina. A ceifa será sempre feita por mãos operosas e sábias, na hora que apraz a Divindade. Não perceber tal verdade, é desconhecer a História da humanidade desde a sua criação.

As primeiras manifestações protoplásmicas da vida nos primevos leitos oceânicos, bem como os primeiros hominídeos a conduzirem-se na inóspita *Era Cenozoica*[11] foram todos regidos por rigorosas leis de nascimento e destruição, de desenvolvimento e retardamento, porque então agora em pleno século

---

[9] **Ad aeternum** (Latim) significa para sempre. **Ad infinitum** (Latim) significa sem limite, até o infinito.

[10] Mateus 15,13.

[11] A Era Cenozoica começou há 65 milhões de anos, após a extinção dos dinossauros. Significa "vida nova" e também é conhecida como a Idade dos Mamíferos. Foi nessa era que surgiu o homem atual, o Homo Sapiens.

XXI seria diferente? O que mudara em alguns milênios de lá para cá? Teriam estas mesmas leis sido suprimidas pela divindade? Não, meus irmãos, não pensem assim. Jesus nos alertou que *"seu Pai, assim como ele, têm trabalhado até hoje"*[12], portanto tudo está dentro dos planos superiores que esperam, num momento oportuno, a melhor maneira de os colocarem em ação.

De nossa parte, se agirmos no bem, apressaremos os planos celestes para o progresso da humanidade; se agirmos no mal, a lei usará de nossas próprias ações, para promover o progresso, e somos nós mesmos que, ao retardarmos a obra, sentiremos em nossa pele o fruto de nossa incúria. A casa de Deus é uma só e nós somos os seus operários e construtores; quando lesos e tardos, a construção se faz lenta e morosa, no entanto, prossegue invariavelmente à margem de nossas qualidades. Muitos operários e construtores vão sendo substituídos, à medida que completam ou deixam de cumprir as suas metas, entrementes ela por si só jamais deixará de ser construída.

Os trabalhadores relapsos são convidados para outras construções, ainda mais rudes e brutas, exigindo de sua parte maior esforço na preparação das ferragens, da argamassa e do lajeado. Os que se coadunam com a obra vão se capacitando para ascenderem a construções cada vez mais nobres e complexas.

---

[12] João 5,17.

De tal modo deu-se com Longinus, que se capacitou definitivamente com a sua obra na Pátria do Evangelho, prosseguindo para as esferas mais elevadas e assim será com cada um de nós, trabalhadores da obra do Cristo. Na política, na indústria ou em qualquer setor da sociedade humana, toda a criatura é convidada a praticar o bem no *"limite de seus esforços"* e saber qual é este limite, representa a luta áurea a que somos submetidos pelo chamamento divino individual. Isto não representa uma matemática exata, mas uma contabilidade cristã, tendo como objetivo *fazer ao próximo aquilo que gostaríamos que a nós fosse feito.*

Com o passar do tempo, a sociedade elabora leis mais justas e equânimes, refletindo no coletivo aquilo que cada individualidade conquistou. Nascer aqui ou acolá é fruto de planejamento e conquista, não havendo qualquer tipo de casualidade ou sorte, pois o que rege a criação das nebulosas, consequentemente as gigantes vermelhas, as anãs brancas e as supernovas, são os princípios que norteiam o devenir[13] da alma imortal, porque estamos todos mergulhados na Lei universal do amor do Criador.

Deus, em sua magnânima Sapiência, dotou-nos do livre-arbítrio permitindo a cada criatura construir o seu futuro segundo as suas escolhas; ofertou-nos, ainda, estações de aprendizado onde massas infindáveis aprendem, de forma coletiva,

---

[13] Transformação incessante e permanente, pela qual as coisas se constroem e se dissolvem noutras coisas; devir, vir a ser.

lições de comum acordo dentro de sintonia semelhante. Nosso querido Brasil, portanto, é bendita estação de aprendizado avançado, uma escola especial que o Cristo estabeleceu para albergar as almas pusilânimes e, ao mesmo tempo, capaz de demonstrar, através de seu povo sofrido, as lições de humildade, de resignação e de tolerância.

Desta forma, deve-se viver em conformidade com o Evangelho de Jesus, aproveitando as benditas oportunidades ofertadas pela Misericórdia divina, para mais rapidamente ascender a patamares superiores. Recalcitrar contra o aguilhão é antes de tudo menosprezar a Bondade divina, que o colocou no local correto e no momento oportuno, para aprendizado de cada ser. Nossa pátria amada se traduz em grande solo fértil espiritual, que podemos comparar, analogamente, à célebre frase de Vaz de Caminha, que disse: *"Nesta terra se plantando, tudo dá"*[14], portanto, amados irmãos, que a sementeira se traduza na colheita farta das boas obras e que o divino Jardineiro possa auxiliar a todos no jardim de suas vidas.

---

[14] *"...Águas são muitas; infindas. E em tal maneira é graciosa que, querendo-a aproveitar, **dar-se-á nela tudo**, por bem das águas que têm..."* Trecho da 1ª Carta de Pedro Vaz de Caminha ao Rei Dom Manoel, de Portugal, 1 de maio de 1500 (Biblioteca Nacional).

## Cap. I - Em busca de uma identidade

Rua do Ouvidor[15], rua Direita e Largo do São Francisco tal era a via-crúcis que quase que diariamente, durante quinze anos, Quintino percorria. A cidade do Rio de Janeiro regurgitava em novas oportunidades, assim como as ideias republicanas em contrapeso às monarquistas. As estradas de ferro em expansão, bem como as largas avenidas que eram construídas com esforço hercúleo de migrantes e imigrantes traçavam o perfil de vanguarda da capital do Império do Brasil em desenvolvimento.

Na contrapartida, Dom Pedro II também enviava para a famosa terra da garoa aportes financeiros, técnicos e mão de obra especializada, apesar da pouca aceitação do regime monarca por parte dos paulistas, ainda assim o imperador depositava especial atenção a São Paulo. Entrementes, no Rio de Janeiro, Quintino juntamente com a nata política carioca e paulista viriam a organizar constantes reuniões, com a criação do *Partido Republicano*, cada vez mais ativo e consistente. O jornal *"O Paiz"*[16] era o principal difusor das ideias republicanas, muitas delas de autoria de Quintino Bocaiuva,[17]. Na verdade, Bocaiuva era

---

[15] Primeira sede do Jornal O Paiz, Rua do Ouvidor nº 63.

[16] *O Paiz* foi um periódico publicado no Rio de Janeiro, de 1 de outubro de 1884 até a Revolução de 1930, fortemente associado aos movimentos pela deposição da monarquia no Brasil, o abolicionismo e com o Partido Republicano. Foi comandado inicialmente por Rui Barbosa e depois por Quintino Bocaiuva.

[17] **Quintino Antônio Ferreira de Sousa**, mais tarde adotou o pseudônimo Quintino Bocaiuva.

pseudônimo, costume muito comum na época, adotado por Quintino, em homenagem a uma palmeira muito abundante da flora brasileira.

O objetivo em si não era apenas o anonimato, mas criar uma personagem com perfil psicológico de tal forma diferenciada do artífice, que lhe pudesse garantir certa liberdade de expressão, apresentando uma personalidade cuja força aproximasse-o de um *Prometeu* ou de um *Áquila*. Assim, ao escolher o nome de uma típica palmeira brasileira, Quintino assumia um papel naturalista e nacionalista, rompendo com os ideais e com o regime colonialista associados ideologicamente ao continente europeu.

Nascido em origem humilde, no Rio de Janeiro, Bocaiuva, ainda jovem, tornara-se órfão, obrigando-o a ir para São Paulo, na esperança de trabalho e estudo, fato que não o desanimou, pois de espírito altivo, logo arrumaria emprego e se matricularia em um curso de Humanidades, adrede à Faculdade de Direito. Mais tarde, voltaria para o Rio e conseguiria a colocação de auxiliar de tipógrafo em um grande jornal, onde estabeleceria grande carreira, até tornar-se jornalista redator-chefe.

O Brasil vivia um ufanismo patriótico de relevância, porque acabava de sair vitorioso da chamada Guerra Platina e, por esse motivo, alguns militares como Deodoro da Fonseca, em alta estima e reputação, era sondado por Quintino e seu grupo em busca de apoio à causa republicana, fato este que só ocorreria concretamente alguns anos mais tarde.

Muitas reuniões ocorriam no Largo do São Francisco e acabavam em discussões homéricas tarde da noite, chegando a incomodar a vizinhança. Naquela época, o centro da cidade do Rio de Janeiro representava o fomento político-cultural da capital, assim como a região da Avenida Paulista, em São Paulo, representava o lado econômico, pois era onde se reuniam os latifundiários, banqueiros e industriais, por isso muitas vezes esse grupo republicano, para lá se demandava em busca de suporte e apoio dos financistas, principalmente no Palácio das Acácias.

O grande palacete em estilo Rococó[18], com suas imponentes colunatas de pedra em mármore branco ornadas com gesso esculpido, representava, na grande avenida Paulista, o marco da soberania dos Barões do Café. A cidade-estado, dentre todas do país, reunia num mesmo lugar tudo o que as grandes metrópoles e os grandes centros urbanos do mundo apresentavam de melhor. Vias largas e arborizadas, parques e bosques floridos com as mais diversas espécies da botânica, indústria, comércio e infraestrutura digna de primeiro mundo.

Diferentemente de outras cidades, São Paulo fora construída em cima de um platô e sobre rincões fluviais tendo como plano altimétrico central o famoso *Pátio do Colégio*. Para lá, afluíam migrantes e imigrantes, que vibravam enorme vontade de vencer na vida, devido às inúmeras frentes abertas de postos de trabalho, seja na construção civil, na indústria ou

---

[18] Rococó é um movimento artístico nascido no século XVIII, na França, no contexto histórico do Iluminismo. Esse estilo opõe-se ao Barroco e realiza a transição para o Neoclassicismo. Portanto, é aristocrático, valoriza o hedonismo, a ornamentação, e, ao contrário do exagero barroco, privilegia os temas leves e as cores claras.

no comércio. No fim do século XIX, São Paulo já contava com milhares de habitantes, já estando ali traçado, a sua destinação grandiosa, daí o seu nome, em homenagem ao apóstolo que mais se destacara na divulgação do Evangelho do Senhor.

O Palácio das Acácias, como era chamado, guardava em seu interior obras de renomados artistas, além de uma decoração impecável, tendo como destaque a mesa de jantar em jacarandá maciço para trinta e cinco pessoas, além da prataria e louças francesas. No hall da entrada, observava-se o piso e as escadas talhadas em mármore Carrara, destacando-se do conjunto, quase ao centro, belíssimo piano de cauda Steinway[19]. No escritório, todo mobiliado à moda clássica francesa, estava na parede central o retrato fiel e bem definido do anfitrião, feito a óleo por retratista vindo diretamente de Paris, um digno representante do chamado Impressionismo.

---

[19] Steinway & Sons é uma marca fabricante de pianos, fundada em 1853 por Heinrich Steinweg na cidade de Nova York, e com uma segunda fábrica estabelecida em 1880 na cidade de Hamburgo, Alemanha

## Cap. II - O poder emana do povo

O Largo São Francisco de Paula era o célebre ponto de encontro, embora tantos outros também fossem utilizados pelos desejosos instaladores da República. O fim do século XIX, marcar-se-ia por terríveis pressões populares, açuladas pela nata paulista e carioca juntamente com as de Minas e Bahia, a formar um todo coletivo em prol da República. Os regimes oligárquicos predominantes[20], como os cafeicultores do Sul e Sudeste, os pecuaristas mineiros e mato-grossenses, os cacaueiros da Bahia e baixo Nordeste e os borracheiros do Norte pressionavam a classe política, esperando, com a pretensa vitória e em seus próprios interesses, maior quinhão nos subsídios e incentivos nas leis nacionalistas, por isso, na surdina e na calada da noite, muitos grupos reuniam-se com os expoentes políticos, de modo a acertarem os ajustes finais dos futuros acordos.

As massas, como força de manobra, não se atinavam como um todo, na irrisão para a qual se encaminhavam e eram encaminhadas. A célebre frase que diz: *"O poder emana do povo"* é uma realidade inconteste, todavia pode-se observar a sua volatilidade, a substancializar-se quando interesses particularistas as induzem, por métodos variados,

---

[20] Na ciência política, é quando o poder político está concentrado num pequeno número pertencente a um grupo econômico ou partido político. Caracteriza-se pelo controle das políticas sociais e econômicas por um grupo de interesses ou *lobby* em benefício próprio.

com o único objetivo de manobrar o senso comum, o que vêm ocorrendo desde épocas remotas, passando pela massa manobrada pelos sacerdotes judeus e seus assistentes para libertar Barrabás e não Jesus e que continua ocorrendo até os tempos atuais. Dia virá, que tal *modus operandi*[21] deixará de existir, pois a criatura humana, adquirindo valores morais mais substanciais, deterá melhores meios de aquilatar e diferenciar os verdadeiros valores, elegendo os espirituais em detrimento aos materiais.

O fato é que diante das circunstâncias, parte da sociedade brasileira, não mais admitindo o modelo monárquico como ideal, passou a inspirar os moldes da República, embora ainda incapaz de aquilatar as federações bem como os estados, trabalhando em sincronismo com o polo central organizacional, pois na presença de um Imperador qualquer estado ou federação ainda lhe seriam subordinados, todavia com a República necessário seria a criação de melhores mecanismos de centralização do poder, de modo que, no futuro, não ocorresse a dissolução dos Estados; tais dúvidas eram muito frequentes na massa ignara deste imenso país chamado Brasil.

Contudo, o país ainda regurgitava em muitas oportunidades, o Império carregava consigo a sua magia, mas também as suas altercações. Os ideais republicanos teimavam, volta e meia, em se fazerem presentes nas mais diversas rodas sociais, embora a população vivenciasse grande desenvolvimento

---

[21] **Modus operandi** é uma expressão em latim que significa modo de operação, maneira de agir, operar ou executar uma atividade.

social, cultural, industrial e econômico, nunca antes visto nesta terra.

Cabe aqui um grave parêntese, que os mais profundos estudiosos sociais ainda não foram capazes de revelar, em essência, tal paradoxo, a *dicotomia social coletiva*. Tal sentimento nunca se apazigua consigo mesmo e por mais que a sociedade viva momentos de prosperidade e conquistas, nunca se encontra em perfeito estado de satisfação, buscando aqui e alhures, motivos para justificar o vazio interior que as individualidades ainda não preencheram, pois na ilusão da satisfação íntima, esquecem-se de que a verdadeira felicidade está atrelada ao bem comum que possamos estabelecer em nosso entorno. Fazer o próximo feliz é cultivar, em seu jardim, a flor da felicidade, por isso quando a população agir coletivamente na fraternidade, verdadeiramente deixará os sentimentos duais que insistem em emergir.

Entrementes, quando um governante traz medidas renovadoras e altruístas, num primeiro momento é incompreendido pela massa e muitas vezes olvidado pelos imediatistas factuais, que necessitam preencher suas ambições particulares e não as encontrando nas resoluções visionárias de efeito futuro, logo as rechaçam e as convertem em fantasias utópicas e demagogas. As diversas civilizações ofertaram-nos inúmeros exemplos de ações populares neste sentido. Assim se deu com Dom Pedro II. Sua visão futurista e altruísta ainda não fora compreendida pela massa e, por isso muitas de suas resoluções eram combatidas e consideradas errôneas.

No entanto, para o monarca, era importante buscar estratégias para saber lidar com tais acontecimentos e encontrar forças para auxiliar o processo, de forma a minimizar uma possível onda de violência das mais radicais. Os anos de estudo com seus preceptores aliados às responsabilidades assumidas desde jovem permitiram-lhe avaliar a grave situação em que o pais se encontrava. Os pensamentos positivos de Comte,[22] em contrapartida aos conservadores do velho continente, vinham-lhe à mente em várias ocasiões, por isso soubera ponderar e conduzir as rodas de conversas, com moderação, que era seu lema e a sua especialidade, além disso possuía extrema ponderação e capacidade de análise sobre os mais diversos ângulos.

Cabe aqui relembrar que, desde a implantação do chamado Segundo Reinado, com o *Golpe da Maioridade*[23], Dom Pedro II vivenciou, desde jovem, diversas crises, em especial, o apaziguamento das revoltas civis em alguns pontos do pais como a Guerra dos Farrapos, no Rio Grande do Sul e a Revolução Praieira, em Pernambuco. Aprendera a lidar com as influências e as constantes pressões das classes

---

[22]Isidore Auguste Marie François Xavier Comte (1798—1857) filósofo francês, que formulou a doutrina do Positivismo. Criou uma doutrina filosófica social baseada nas ciências. As teorias sociais de Comte culminaram em sua "Religião da Humanidade", que pressagiava o desenvolvimento de organizações humanistas e religiosas não teístas no século XIX. As ideias de Comte influenciaram as palavras Ordem e Progresso, lema da República Federativa do Brasil.

[23] A declaração da maioridade de D. Pedro II ocorreu em 23 de julho de 1840 com o apoio do Partido Liberal, pondo fim ao período regencial brasileiro.

políticas existentes representadas pelo *Partido Conservador* e pelo *Partido Liberal*, que surgiram após a Constituição de 1824, acabando por exercer o seu *Poder Moderador* outorgado pela própria constituição, dando-lhe prerrogativas entre outras, as de convocar e nomear senadores, ministros e dissolver a Câmera dos Deputados, caso achasse necessário, a fim de prosseguir na manutenção de seus nobres objetivos.

Outro fato importante, que também ocorrera, foi o grande desenvolvimento da cultura do café nas regiões do Vale do Paraíba, do Oeste Paulista e da Zona da Mata em Minas Gerais, possibilitando maiores recursos econômicos, facultando ao Imperador ampla liberdade para colocar em prática a melhoria da infraestrutura de base, em especial as ferrovias. Embora também sofresse pressões por parte dos latifundiários, que empregavam mão de obra escrava, indo na contramão do continente europeu, que já havia abolido a escravidão.

Em especial, a Grã-Bretanha usava de toda a sua influência para persuadir o Brasil a abolir o tráfico de escravos. Tal pressão fez nascer *a Lei Eusébio de Queirós*[24] e depois a *Lei do Ventre Livre* e outras. Tais leis desgostaram profundamente os latifundiários, resultando na perda de apoio ao monarca. Ocorreram ainda dois fatos significativos que Dom Pedro II teve que enfrentar: o primeiro ocorreu no âmbito do exército que, após a Guerra do Paraguai, reclamava

---

[24] **Lei Eusébio de Queirós** (4 de setembro de 1850), proposta por Eusébio de Queirós, ministro da Justiça, determinava a proibição do tráfico de africanos escravizados para o Brasil.

para si maiores soldos e outras regalias e o segundo foi a crise religiosa que se estabeleceu envolvendo o Papa Pio IX.

O Pontífice havia publicado a *Bula Syllabus*[25], que, entre outros assuntos, atacava abertamente a influência maçônica dentro da cúria eclesiástica. Sendo Dom Pedro simpatizante dos ideais maçônicos e alguns de seus ministros diretos integrantes da maçonaria, negou, peremptoriamente, a bula papal e fora obrigado a mandar prender dois bispos que, frontalmente, desrespeitaram sua autoridade eclesiástica como monarca. Este poder fora lhe concedido através do acordo denominado *Padroado Régio*[26], possibilitando-lhe nomear cargos eclesiásticos, que se tornavam, em realidade, verdadeiros funcionários públicos, pois seus salários, as construções de igrejas, etc. eram patrocinados pelo Império. Esta intervenção do Imperador causara grande mal-estar e grave crise junto a Roma, fazendo-o perder, por sua vez, o apoio da Igreja Católica Brasileira, o que contribuiu, de certa forma, com a crise de seu reinado, em especial, nos últimos vinte anos até o golpe republicano.

---

[25] **Syllabus of Errors**, reafirmou a oposição da Igreja a várias ideias associadas ao liberalismo, modernismo, relativismo moral e secularização, reforçando os princípios tradicionais da doutrina católica, dentre elas a proibição de membros da maçonaria nos quadros da igreja.

[26] Acordo realizado no Século XVI entre o Vaticano e os reis ibéricos, autorizando os reis a tratar do ordenamento dos membros da Igreja nas regiões ultramares. Por esse sistema, o Imperador acumulava as funções de nomear e sustentar membros do clero nos espaços coloniais. Além disso, todas as bulas e encíclicas papais só teriam validade mediante a aprovação prévia do rei. No Brasil, mesmo com o estabelecimento da Independência, esse modelo das relações entre Estado e Igreja acabou sendo preservado pelos apontamentos da Constituição de 1824.

## Cap. III – Brasil uma aposta suprema

A estrada de ferro Jaraguá - Agulhas Negras[27] fora o novo trecho construído com sacrifício pela *Companhia Estrada de Ferro Central do Brasil*. Tal trecho representaria um marco importante para a nação, pois São Paulo era a principal via de troca de mercadorias e comércio do território brasileiro e tudo que chegava pelos portos do Rio ou de Santos deveria ser escoado pelo eixo terrestre, assim sendo o novo trecho ferroviário representava mais um avanço rumo aos objetivos. Um sentimento geral ufanista tomara conta dos habitantes locais, afinal muitos esforços e vontade política foram empenhados pelo monarca de modo a impulsionar o eixo Rio-São Paulo, o coração do Brasil. Bem verdade, que nas Gerais extraíssem riquezas em forma de ouro, diamantes e outros minerais, e que da Bahia provinha as melhores frutas, como o cacau e outros congêneres do agronegócio, mas era em São Paulo, no porto de Santos[28] e no porto do Rio, que toda a produção brasileira era escoada e exportada, portanto, importante seria que as duas principais metrópoles do país estivessem interligadas

---

[27] Um dos fatos mais importantes na história do desenvolvimento da ferrovia no Brasil foi a ligação Rio-São Paulo, unindo as duas mais importantes cidades do país, no dia 8 de julho de 1877, quando os trilhos da Estrada de Ferro São Paulo (inaugurada em 1867) uniram-se com os da E.F. D. Pedro II.

[28] Em 1859, Barão de Mauá, com o aval do Imperador, construiu a estrada de ferro São Paulo-Santos. O trecho de 800 metros de altitude e 8 quilômetros de extensão da serra do Mar, considerado impraticável para muitos, concretizou-se em menos de oito anos, sendo inaugurada em 1867 a Estrada de Ferro São Paulo Railway (ou Santos-Jundiaí).

por malha ferroviária compatível, de modo a formarem imenso corredor comercial estratégico.

Muitos políticos republicanos foram opositores ferrenhos, alegando tratar-se de importância secundária e desnecessária mediante o quadro atual administrativo. Elencavam, por exemplo, que a produção de energia com a construção de hidroelétricas, naquele presente momento, seria mais importante, suprindo várias regiões como o Centro-oeste e o Nordeste, devido à enorme carência estrutural elétrica do país.[29]

Não que tais projetos não entrassem na pauta de Dom Pedro II, apenas seguia o monarca a sua intuição e o seu espírito visionário, alocando cada obra em seu momento e disponibilidade. O Imperador fechara vários acordos internacionais, solidificando a estruturação financeira do Banco do Brasil e a abertura do mercado financeiro. A estabilidade econômica, por sua vez, facilitava ao Imperador o planejamento da infraestrutura, incluindo as ferroviárias e portuárias, embora para muitos políticos tais avanços não fossem considerados importantes.

O partidarismo político, em verdade na maioria das vezes, reflete o estado moral daqueles que assumiram papéis político-administrativos, de forma a ressarcirem seus débitos do passado, conforme seus respectivos projetos reencarnatórios,

---

[29] No Brasil, a primeira usina hidrelétrica entrou em operação em 1883 em Ribeirão do Inferno, na cidade de Diamantina (MG). Em 1887, foi colocada em operação a do rio Macacos, Nova Lima, Minas Gerais. Em 1889, entrou em operação a Usina Marmelos Zero no rio Piabanha, Minas Gerais.

sempre sob a supervisão da Providência Divina. Contudo, uma vez alçados ao poder, as velhas chagas morais emergem novamente, voltando as composições, os conchavos e as combinações de cunho particularista, de forma a delinear a ideologia partidária como um todo. E isso, não seria diferente com os partidos políticos na monarquia e na futura República brasileira.

Neste cenário, o predestinado Imperador até o fim de sua administração, enfrentou diversos desafios e oposições. Quanto mais realizava pelo Brasil, mais dificuldades encontrava para governar a nação que tanto amava, chegando a conduzi-la à quinta economia mundial. Apesar de todos os seus esforços, encontrava resistência por parte dos republicanos, que enxergavam todo o sucesso do monarca, como um entrave para a instalação da futura República. Na verdade, não observavam os benefícios que as obras e os esforços do mesmo tinham, como pano de fundo, tão exclusivamente o progresso da nação, por isso muitos políticos e empresários preferiram agir com espírito de resistência, ao passo que, se a mudança de postura ocorresse, aceleraria ainda mais o progresso do país.

Tais atitudes, com o passar do tempo, foram de certa forma, transformando-se em opinião generalizada. A massa, como sabido, é facilmente manipulada através de retórica tendenciosa e de manifestações específicas de indução popular, assim sendo o Imperador sentia-se pressionado e, aos poucos, ia se afastando das importantes decisões, abrindo mão, paulatinamente, do poder e do comando. Sem o brilho nos olhos de outrora, Dom Pedro II sentia, no íntimo, que o Brasil não mais permitiria que o regime monárquico prevalecesse, apesar de todos os esforços para transferir o poder para sua filha, na tentativa de virar o jogo. A Princesa Isabel não possuía carisma suficiente para agradar os corações sedentos de renovação, mostrando claramente o insucesso da empreita, e mesmo após a assinatura da Lei Áurea, não logrou a simpatia suficiente para o arrebatamento geral.

Alguns anos após o episódio da Guerra do Paraguai, D. Pedro II viu-se ainda mais enfraquecido com o aumento do prestígio dos militares, atado às pressões oposicionistas e, devido ao seu espírito de vanguarda, que lhe assinalou toda a trajetória política, foi aceitando de boa mente o afastamento do poder, até por fim o exílio político. Segundo as informações disponíveis, fora ele coagido a exilar-se por não haver outra alternativa, todavia cabe aqui relatar que, se Dom Pedro II estivesse sob o guante da ambição e do egoísmo, poderia, sem sombra de dúvidas, ter convocado grande parte da força militar que o apoiava e de certos setores monarquistas, a fim de estabelecer uma resistência armada.

Uma guerra civil, com certeza, ceifaria muitas vidas e justamente a fim de evitar este peso e responsabilidade em seus ombros, sem embargo, decidiu aceitar o exílio a ele imposto, embora houvesse deixado bem claro nos autos de sua partida, que seu desejo final era o de desencarnar em terras brasileiras e que aqui fosse sepultado, pois assim seu coração exigia e o seu amor pelo Brasil clamava.

Com o exílio do ex-Imperador, a República foi instalada e parte do país alegrou-se, manifestando pelas ruas, com estardalhaço e gritando aos quatro ventos, que o Brasil estava livre, embora tal liberdade, longe estivesse, em realidade, de efetivar-se, pois sem a experiência política adquirida pelas consolidadas repúblicas, o Brasil viveria um misto de pré-anarquia com uma pseudo-república militarista. Sua constituição fora reescrita sob os moldes das vivências monarquistas e ainda não adquirira uma personalidade verdadeiramente republicana, o que transparecia nas decisões do regime incipiente.

Cabe aqui relembrar que as últimas manifestações populares, em especial as do Campo de Santana, deram margem e mais força aos republicanos e, apoiado pelo movimento popular, Quintino Bocaiuva rapidamente escreveu matéria denominada *Manifesto*[30], incitando a massa a pedir a República. A redação do *A República*[31] regurgitava num frenesi alucinante, pois o periódico fizera sucesso rapidamente e era preciso aproveitar o momento político, instalado por forças sutis ainda imperceptíveis pelo vulgo.

Toda mudança de um estado a outro, faz-se por etapas gradativas. A água só atinge o estado vaporoso após o encadeamento de determinados processos físico-químicos, assim também as grandes

---

[30] O Manifesto Republicano, escrito em 03/12/1870, foi uma declaração publicada pelos membros dissidentes do Partido Liberal, liderados por Quintino Bocaiuva e Joaquim Saldanha Marinho, ambos haviam decidido formar um Clube Republicano no Rio de Janeiro, com o ideário de derrubada da Monarquia e o estabelecimento da República Federativa no país

[31] Fundado por Salvador de Mendonça, em 1870, na cidade do Rio de Janeiro.

mudanças só ocorrem, quando são atingidos certos fatores psíquicos de ordem coletiva. Nas revoluções, nas alterações de poder e mesmo nos atuais processos eleitorais assim acontecem, via de regra, quando a população atinge determinado clímax psíquico em favor deste ou daquele candidato.

O vitorioso será aquele que reunir maior intensidade de energias sutis, baseando-se neste ou naquele programa ideológico. Contudo, deve-se lembrar que tais mecanismos ocorrem com a supervisão e a anuência do mais Alto. Se de tal processo advirá a felicidade ou a infelicidade de um povo dependerá sempre da *Lei de Causa e Efeito*, que se estabelece coletivamente na somatória de suas individualidades. Daí concluímos que, nos mundos mais adiantados, governantes e governados estabelecem entre si sintonia superior a repercutir no progresso e no bem-estar coletivo.

Uma vez pronto o *Manifesto* do periódico *A República,* em pouco tempo e devido a sua grande aceitação, sua distribuição ultrapassaria a tiragem de mais de doze mil exemplares, perdurando o mesmo por quatro anos, embora desde a sua primeira publicação, a República só seria instalada vinte e nove anos depois. Mais precisamente, no início da madrugada do dia quinze de novembro de mil oitocentos e oitenta e nove, o marechal Deodoro da Fonseca reunido com as patentes golpistas e com o apoio do Partido Republicano acionava a movimentação de forças militares para a tomada do poder à força, se necessário fosse. Neste sentido, distribuíra estrategicamente todo o contingente militar disponível nos locais estratégicos da cidade do Rio de Janeiro e se dirigiu ao Campo de Santana na companhia de Quintino Bocaiuva, mandando prender o primeiro ministro, Visconde de Ouro Preto que oferecera pequena resistência no Paço Imperial, sendo a República declarada, oficialmente, por José do Patrocínio.

O valoroso Dom Pedro II, que estava em Petrópolis, região serrana do estado do Rio de Janeiro, quando informado por emissários, no dia seguinte do ocorrido na capital, e estando na companhia de familiares, assessores, amigos e Tamandaré, reunira-se em seu escritório de modo a decidir os futuros passos. Instado a resistir sob o comando de Tamandaré, que reuniria parte dos militares a favor da monarquia para uma resistência armada, que desencadearia inevitavelmente em uma guerra civil de calamitosas proporções, Dom Pedro II mostrou-se, então, contrário a essa atitude. A vida toda ensejou a paz, a exceção do episódio da Guerra do Paraguai, em que fora obrigado a apoiá-la em seu início, mas depois tornara-se ferrenho crítico à condução da guerra, em que Solano Lopez, deliberadamente, usurparia parte do território brasileiro.

Todavia agora era diferente, seria seu povo e sua terra tão amada que sofreriam diretamente a infelicidade de uma guerra civil, irmãos contra irmãos, e isto ele jamais permitiria que ocorresse, de forma a pesar sobre seus ombros qualquer mancha de sangue. Assim sendo, sem qualquer tipo de resistência ou atos de violência, rendeu-se para os colegas golpistas, que, paradoxalmente, respeitavam-no como figura nobre e austera, escrevendo assim, sua carta de despedida, em sua velha escrivaninha de madeira de lei, que por quase 50 anos deu-lhe o suporte físico para inúmeros decretos, acordos, contratos e ordenanças que colocaram o Brasil em posição de destaque na economia mundial, e que criara: museus, zoológicos, ferrovias, siderurgias, portos, incentivos à educação e cultura e infraestrutura básica para uma nação, que fora destinada a ser o coração do mundo e pátria do evangelho.

Aquele momento de rendição ficaria marcado para sempre no éter e nas memórias de todos os envolvidos na questão, em que o Espírito de Longinus, mais uma vez, deixava registrado, nos anais da História, o exemplo de humildade e resignação. Fato este único na História mundial, onde um monarca abre mão de sua coroa, entregando a condução do país a outro regime, sem que caísse uma gota de sangue.

## Cap. IV – República um novo desafio

As lâmpadas de gás e de querosene[32] ainda crepitavam na noite fria e úmida da Avenida Epitácio Pessoa e poucos transeuntes arriscavam-se a transitar, porque a cidade estava sob o *"toque de recolher"*, tendo em vista as últimas manifestações, arruaças e tumultos diante do novo regime, deixando no ar, um certo clima de incerteza e insegurança e para conter esta onda, o novo governo estabeleceu alguns decretos-leis[33], e dentre eles o *"toque de recolher"* a partir das vinte e três horas e trinta minutos. Com isso, aqueles que eram flagrados, depois deste horário, poderiam, sem qualquer embargo, serem levados à delegacia para maiores averiguações.

No Campo de Santana, sempre havia tropas de guarnição militar, pois sua localização central permitia, quando necessário, um rápido deslocamento de tropas e armamentos para locais estratégicos assim determinados. Sob o comando de Deodoro da Fonseca, o exército brasileiro fora

---

[32] Em São Paulo, a utilização de óleos na iluminação pública chegou somente no ano de 1830. Em 1854, São Paulo foi a primeira cidade brasileira a implantar a iluminação a gás, durando até 1936. A cidade de Campos, no Rio de Janeiro, foi a primeira cidade a ter luz elétrica nas ruas, em virtude da presença de uma usina termoelétrica, desde 1883. A cidade do Rio de Janeiro somente implantou o serviço de luz elétrica nas ruas no ano de 1904; e São Paulo, no ano posterior, em 1905.

[33] Uma campanha de vacinação obrigatória foi colocada em prática em novembro de 1904. Sendo aplicada de forma autoritária e violenta. Em alguns casos, os agentes sanitários invadiam as casas e vacinavam as pessoas à força, provocando a revolta da população, as manifestações populares e conflitos espalharam-se pelas ruas da capital brasileira, obrigando a autoridades a instituir um toque de recolher.

estruturado em regiões, sub-regiões, distritos subdistritos e companhias, desta forma conseguiria abranger todo o território nacional, seguindo uma hierarquia por região até as companhias, sendo a região sudeste a de maior destaque, mesmo porque a sede do governo no Rio de Janeiro, catalisava as ordenanças como polo central, a espalharem-se pelas demais regiões do país.

No decorrer da República, principalmente na chamada *República Oligárquica,*[34] inconstante politicamente, seu comando sempre esteve na mira das forças armadas que, desconfiadas com o rumo político nacional, poderia, a qualquer momento, aplicar um golpe de estado e assumir o governo da nação, em atitude nacionalista, mas essencialmente ufanista. As lideranças políticas, por sua vez, desconfiadas de certas atitudes descabidas por parte dos militares, também manobravam às escondidas, de modo a manter uma estabilidade, principalmente através da busca de apoio com os setores mais liberais do próprio comando militar.

Debaixo das mais variadas coações, o recém governo, sob a batuta de Deodoro da Fonseca, não conseguira se impor, porque não apresentava o jogo de cintura político que comumente se faz necessário àqueles que supostamente governam, mesmo até sob o manto das chamadas ditaduras, pois a arte de ceder

---

[34] República Oligárquica (1895-1930), na qual predominou a chamada "Política do café com leite", que favorecia os interesses do setor agrário dos estados de São Paulo, principalmente devido à produção de café, e de Minas Gerais, produtor de leite.

é preponderante, de modo a abarcar maior volume de interesses, no que diz respeito a uma nação.

Neste tocante, Dom Pedro II sempre fora homem de mente aberta e disponível, na ampla possibilidade de trabalhar os interesses humanos, tendo como diretriz tão somente o interesse da nação brasileira. Diferentemente, Deodoro sempre fora acostumado com os traquejos da investidura militar, onde a disciplina e a hierarquia são verdadeiras bússolas, todavia, agora, a situação tornara-se adversa, pois estava sendo pressionado pelas classes oligárquicas, em especial a do agronegócio, ainda não adaptadas à abolição da escravatura, obrigadas a aprender e conviver com as incipientes regras trabalhistas, que eram adaptadas do regime europeu e por isso mesmo muito distantes da realidade brasileira e não se satisfaziam com a queda dos dividendos e da grande defasagem da concorrência do mercado exterior que as constrangiam através da lei da oferta e da procura.

As constantes reuniões e pressões para a aplicação das *Entidades Federativas* com medidas auto protecionistas[35], faziam das noites de Deodoro verdadeiros sortilégios, com pesadelos e desajustes físicos excessivos, tornando suas vigílias ainda mais difíceis. Passados alguns meses, desentendera-se com correligionários de peso de seu ministério, tais quais Quintino, Campos Sales, Rui Barbosa e outros que se

---

[35] No governo Provisório de Deodoro da Fonseca, havia duas correntes republicanas: a corrente liberal-democrática, que visava uma República Federativa, com separação de poderes e a corrente positivista, que defendia uma ditadura republicana.

demitiram por incompatibilidade política. Quintino, apesar de jornalista, tinha uma visão política muito mais aguçada e pertinente, pois sabia lidar com os movimentos diversos da economia, embora fosse às vezes obtuso em questões de ordem federativa, sempre revia tais pontos.

As constantes crises institucionais ocorridas em seu gabinete tornaram-no verdadeira sala de tortura, pois preferia ele os campos e as ações efetivas. Não era afeito às maquinações psíquicas da política partidarista, mas às atitudes positivas de vencer obstáculos, de derrotar inimigos pelas armas ou por estratégias bem definidas para sufocá-los lenta e cuidadosamente. Após dois anos e alguns meses no comando da nação, resolvera abrir mão, renunciando, mesmo porque seu estado de saúde piorara com estas pressões sofridas.

Na Guerra do Paraguai padecera certo acidente, mas agora, com a chegada dos anos, o novo ritmo de governo, a sua insônia e os poucos cuidados com a alimentação fizeram a sua saúde agravar-se e, um ano após a sua saída do comando da nação, desencarna com flebite e insuficiência respiratória. Seu desenlace, bem como a sua adaptação à nova morada fora relativamente longa e dolorosa, embora contasse com méritos e atenuantes perante a Misericórdia divina.

## Cap. V – O findar de um ciclo

No início do século XX, o Brasil se fortalecia em infraestrutura básica, com investimentos na siderurgia, nas ferrovias e nos portos, o governo buscava, agora, o desenvolvimento agropecuário para o interior do país, com a tentativa de pulverização das monoculturas de café concentradas no Sudeste, buscando maior diversidade em outros estados, como os do centro, Mato Grosso e Goiás, assim como no Sul com o Paraná e Santa Catarina, de forma a melhor direcionar a produção e a distribuição agrícola e, consequentemente, a renda. Desta forma, o país ia saindo das faixas litorâneas em direção ao oeste, que ainda demonstrava pouco desenvolvimento com uma ou outra exceção.

Por parte do governo, em especial com a política adotada por Afonso Pena, incentivando a vinda de imigrantes, facilitando a compra de produtos agrícolas em especial o café, com maiores incentivos por parte do Banco do Brasil e também na aquisição de máquinas e insumos para lavoura, permitiu uma significativa expansão do agronegócio, resultando em ganho real de receitas para os Estados, até então considerados pobres. Cada movimento republicano gerava consequências adversas tanto para os militares, quanto para os pequenos partidos de esquerda que, criados recentemente, lutavam com todo o vigor, a fim de aumentarem a sua fatia no quinhão da administração pública, gerando inúmeras contendas e armações até a Primeira Guerra Mundial.

Na tarde de onze de junho de mil novecentos e doze, o sol ainda não havia se posto no firmamento, e os transeuntes amontoavam-se em frente à redação do jornal *O Paiz*, com a notícia do passamento do grande jornalista Quintino Bocaiuva. Suas exéquias estavam marcadas para o dia seguinte, de onde o féretro partiria para o cemitério da Pechincha em Jacarepaguá. Seu espírito semiadormecido, acompanhava sem muito compreender o que acontecia e, entre chacotas e atitudes de respeito, de alguma forma sentia os pensamentos a ele dirigidos.

Toda criatura é a somatória de seu próprio destino, através do esforço que logrou para atingir o seu desiderato. Colhe aqui e acolá, os méritos e os deméritos, por isso a importância de dedicar-se, em todos os sentidos, à prática do bem, a única forma existente de criar escudos e estruturar o seu íntimo, além de ser verdadeiro antídoto contra as forças do mal que ainda pupulam sobre a face da Terra.

Num primeiro momento, o Espírito transladando-se para o Mundo Espiritual, inicia, quando possível, um exame de consciência em seu próprio velório, sondando e sentindo os pensamentos dos seus familiares e amigos, resultando o início da colheita, conforme a passagem elencada por Jesus, no: "*a cada um segundo as suas obras*". Quando o Espírito, por sua vez, não é capaz de concatenar as suas sensações nestes momentos, somente depois, mais lúcido, passa em revista tais pormenores, tirando preciosas lições.

Destarte, após as observações que sua alma pôde captar, Quintino foi encaminhado para a *Colônia*

*Terra Brasilis*, a fim de receber o devido tratamento. Na Terra, todos os dias, milhares de criaturas retornam para o plano espiritual, em sua grande maioria com sequelas e comprometimentos morais graves, verdadeiros párias espirituais, porque ainda não compreenderam e vivenciaram as lições do Cristo. Elegem, ainda em vida, Barrabás, relegando *a posteriori* Jesus, pois o conforto, a comodidade e os prazeres mundanos possuem forte apelo, gerando maior dificuldade em enaltecer o imperecível. Todavia, com o progresso espiritual que toda criatura vem a trilhar, paulatinamente, vai dominando e removendo de si mesmo o velho homem, assumindo doravante o papel preponderante como agente da Luz, trabalhando e exercendo o seu apostolado na messe do Senhor.

Recolhido em cama alva e extremamente asseada, Quintino guardava em seu corpo eterno os resquícios do somático, pois as leis naturais, justas e sábias, não admitem quaisquer padrões de desvio em sua divina diretriz. Apesar do corpo perispiritual vivenciar noutra faixa vibratória, guarda, por reverberação psicossomática, todas as imprecações e modificações que o corpo material sofreu, levando tempo e condições diferenciadas para reajustar-se aos novos padrões vibracionais. Cada experiência reencarnatória carrega consigo particularidades e detalhes que repercutem, no Espírito, consequências que, por sua vez, podem ser amenizadas ou potencializadas conforme o seu proceder.

Sem perceber de fato o que havia ocorrido, Quintino achava-se hospitalizado em algum local de vanguarda, que ainda não tivera o privilégio de conhecer e, sem preâmbulos, foi logo perguntando:

- Que hospital é este? Onde estou? Onde estão os meus familiares?

E com muito carinho e paciência, o prestimoso auxiliar de enfermagem Alcebíades, disse-lhe:

- Fica tranquilo Quintino, logo terás todas as respostas que anseias. Por hora, recosta tua cabeça no travesseiro e descansa, de modo a recuperar mais rápido as tuas forças. Na natureza, tudo tem o tempo certo.

Acalmando-se um pouco mais com aquelas suaves palavras que lhe foram trazendo maior tranquilidade, Quintino logo voltaria a dormir, repetindo este processo por diversas vezes, até estar apto para a nova fase de sua recuperação.

## Cap. VI - Colônia Terra Brasilis

Sob intensa chuva de bênçãos, estendeu as mãos em gesto amplo e fraternal desejando a paz do Divino Salvador, iniciando assim o prolóquio, que a todos chamava a atenção:

*"Irmãos em Cristo regozijai-vos, porque ontem éreis trevas, hoje sois Luz do Senhor"* - assim disse venerável companheiro do Cristo. *"Tendes albergado em vossas almas culpas e fracassos, tristezas e dissabores, tendo em vista o passado delituoso que ainda não alijais de vossa tessitura, destarte nada mais oportuno, no presente momento, tais sentimentos tornarem a emergir em vossas mentes desajustadas, de modo a reverenciar em vós próprios, a necessidade ultriz de reformas.*

*Para tal, se faz necessário esforço hercúleo na prática das virtudes e na firme vontade em domar vossas más tendências. A vida constantemente vos oferta situações, em que podeis praticar as lições do Cristo e, muitas vezes, quando estais diante delas, as negligenciais e, pior ainda, pensais que a hora não é chegada. Procrastinais, devido a velhos hábitos mascarados pelo comodismo de vanguarda, porque toda criatura é chamada a realizar diariamente o testemunho das lições do divino Instrutor. Contudo, por acréscimo de Misericórdia divina, vos é permitido postergar a inevitável modificação que Jesus espera de vós. Embora saibais que tal reviravolta, virá insofismavelmente acompanhada de dores, tristezas, angústias e arrependimentos no chamado ranger dos dentes das escrituras.*

*Por conseguinte, aproveitai presentemente o momento, não espereis o vendaval da justiça para colocar em prática aquilo que vos cabe na obra do Senhor. Fustigai agora a vossa alma, para depois regozijar-vos com a alegria dos eleitos. Tempo virá, que o desespero tomará proporções alarmantes e o bem será sufocado pelo sarcasmo e pela ignomínia. Mas se tiverdes a fé do tamanho de um grão de mostarda e se vos esforçar na prática da virtude, vencereis a prova final, a qual toda a humanidade será submetida. Neste mister, as terras de Santa Cruz desempenharão um papel preponderante, pois caberá a ela o sustentáculo da fé e a resiliência da virtude.*

*Nações se virarão contra nações, povos tombarão com a falsa virtude da liderança, todavia o estandarte do Cristo, aqui sustentado, será erguido com a bravura dos antigos cristãos, que outrora permitiram imolar-se nas arenas cantando hosanas ao Senhor. A vontade férrea dos filhos da pátria do Cruzeiro sustentará, com coragem e determinação, as lições do Cristo e, no futuro, resplandecerá a nova Jerusalém com o estandarte: Ordem, Progresso e Caridade".*

Assim terminava a preleção de Eusébio de Cesareia, nome carinhoso, com o qual se permitiu ser alcunhado, quando, em encarnação nas antigas plagas judaico-romanas, destacara-se como cristão e fora imolado num circo romano em testemunho de amor ao Cristo.

Dispersos então e com as mentes repletas de novas reflexões, os antigos republicanos trocavam apontamentos e argumentações, agora não mais sob o véu da política nacionalista, mas na condição de Espíritos imortais, independentemente de qualquer ideologia, pátria, credo ou cor, mas, presentemente, com novas diretrizes morais evolutivas, tendo como morada o universo de Deus. Quintino, já mais adaptado à sua nova condição espiritual, voltou-se aos demais e disse:

- A cada dia que aqui permaneço, percebo mais claramente que a verdadeira liberdade não se encontra nesta ou naquela causa, em tal ou qual ideologia, mas em verdade, está na capacidade de reconhecermos o quanto precisamos nos esforçar para remover de nós os velhos clichês e atavismos, frutos de nossa herança espiritual. Quanto mais me compreendo, mais livre me sinto, ao mesmo tempo aciono em meu ser mecanismos sutis para buscar mais e mais. Na vida terrena, sempre busquei a vanguarda dos acontecimentos com férrea vontade de expô-la, de forma a despertar na massa as máximas em que acreditava. Agora, porém, vejo-me com esta mesma vontade multiplicada, mas direcionada para minha busca interior, não como a criança que descobre um tesouro de guloseimas e, rapidamente, oculta-as para o seu próprio deleite, porém como o jovem aprendiz que, à medida que o mundo descortina-lhe os segredos, amplia a sua vontade de satisfazer-se, para encarar o mundo com mais determinação e firmeza.

Os quatro amigos, que o escutavam, por alguns instantes refletiram sobre os conceitos sensíveis elencados pelo ex-jornalista e após leve interregno, Deodoro arrematou:

- Ainda não compreendo, em plenitude e com a mesma profundidade, o que Quintino expressa, em especial, a respeito das ideias renovadoras agora pouco pronunciadas por Eusébio, mas também sinto, em meu íntimo, a necessidade premente de retificar minha alma voluntariosa e voluptuosa, de forma a ponderar a mansuetude e o poder da afabilidade, a exemplo do Cristo que, sem qualquer tipo de armas ou indução ao levante, travou a batalha do amor contra o ódio, da humildade contra o poder. Minha alma necessita ainda, em certos momentos, eleger Barrabás a Jesus. Em minha última experiência como homem de armas, o sentido prático e voluntarioso encaminhou-me os passos e decisões, portanto mais difícil se faz, no presente momento, lidar com as modificações dos velhos hábitos, no entanto, percebo que, neste ambiente, amparado por nossos benfeitores, a tarefa vai se facilitando, à medida em que me esforço para tal empreita.

- Lembremos sempre os ensinamentos de Longinus, que agora se transladou às esferas mais elevadas. Em vida, ensinou-nos a dose certa da energia e da afabilidade, da atitude e da resignação, e, em Espírito, mostrou-nos a certeza da ascendência mediante o sacrifício, que por hora somos chamados a testemunhar.

Assim Quintino encerrava a conversação amistosa na colônia *Terra Brasilis.*

No dia seguinte, era um pouco mais que seis horas da manhã terrestres e os Espíritos de Lobo, Rui, Deodoro e Quintino já estavam em pé a contemplar o firmamento e participar da tradicional *Oração do Amanhecer*. Nesta hora, a colônia parava todas as suas atividades, mantendo apenas as essenciais para dirigir os seus pensamentos ao Senhor da vida, de modo a preparar o Espírito para o desempenhar das tarefas do dia a dia.

Eusébio, que estava ali por alguns dias, aproveitou para chamar os ex-republicanos em particular, a fim de conversarem sobre os rumos da *Pátria do Evangelho* e assim iniciou:

*- Queridos irmãos, bem sabeis que o Cristo tem pelas terras brasileiras especial carinho, pois em seus sacrossantos objetivos, reservou estas plagas para o oásis da concórdia e da fraternidade. Em vista disso, nosso inestimável Ismael tem empenhado esforços hercúleos, de modo a colocar em prática os anseios do divino Instrutor. Contudo, necessita ele de mãos operosas e corações determinados para este ministério. Centenas de irmãos, desde o descobrimento do Brasil, têm mergulhado nestas terras em missões renovadoras e sacrificiais, tendo em nosso inestimável Longinus um exemplo último, aos vossos olhos, ainda que muitos não puderam aquilatar o tamanho de seu sacrifício e de sua tarefa no solo que tanto amou. No entanto, é necessário continuar a obra redentora nesta abençoada terra, como vos falei anteriormente, pois o Brasil terá papel fundamental nos dias futuros, quando então a maldade recrudescerá e o desespero tomará conta de grande*

*parte da humanidade. Neste sentido, vós, assim como outros irmãos, tereis papel de relevância, espalhando ali e acolá, a esperança, a bondade e a fraternidade. Os exemplos do Cristo não mais dar-se-ão pela retórica sacerdotal, mas deverão estar no respirar, no falar e no agir de todos, pois, doravante, o exemplo assumirá, mais do que antes, a linha de frente do trabalhador do bem. Não haverá mais espaço para o púlpito, altares e palanques, pois o amparo direto assumirá proporções ainda inimagináveis. Portanto, preparai-vos para o porvir. As futuras reencarnações serão fundamentais para o preparo do combate, que se estabelecerá. A batalha final entre o bem e o mal está por vir, assim nosso Messias alertou-nos há mais de dois mil anos, por isso, meus irmãos, fortalecei-vos e vos enchei de determinação, pois desta batalha sairão os eleitos para a nova Jerusalém, que resplandecerá como a gema mais pura, que foi lapidada por especialista sublime atingindo seu ápice de beleza. Lembrai-vos de que a Luz sempre triunfou e triunfará sobre as trevas e que nosso Governador celeste está no comando de todas as coisas. Deus vos abençoe!*

Terminada aquela pequena preleção particular, os antigos republicanos trocaram as mais intensas impressões e cada um, segundo o seu entendimento, vibrava em sentimentos de renovação e otimismo, mas também com certo receio, e foi Lobo, quem primeiramente manifestou-se:

- Lembro-me bem, queridos irmãos, de como foi para mim estar diante da realidade espiritual. A criatura na Terra, muitas vezes, é induzida a potencializar as suas paixões e assim se conduzir, tendo nelas as suas diretrizes.

- Todavia, caro Lobo, lembremos sempre, que as paixões, quando bem orientadas, são valiosas catapultas aos objetivos mais nobres. A questão aqui gira em torno de nos aperfeiçoarmos, a fim de melhor direcionar as nossas paixões. – Retorquiu Rui Barbosa.

- Tem razão, amigo Rui, - disse Deodoro - Em matéria de paixões, talvez dentre todos, fui o que mais as arregimentou. Agora tenho percebido o que nosso estimado Rui falou, o quanto devo aprender a canalizá-las para os ideais mais nobres...

- É verdade, meus amigos, em nosso último estágio carnal, dedicamo-nos de corpo e alma para uma vertente da vida que é a política. Sabemos, agora, o quão importante é o seu papel na sociedade, mas também estamos aqui aprendendo a reconhecer que a vida se constitui de outras perspectivas, tão importantes quanto ela, mas que necessitam ser trabalhadas de forma precedente, para que, mais tarde, a verdadeira política estabeleça-se naturalmente. Nosso divino Instrutor não desprezou Roma, nem as diretrizes do farisaísmo, apenas nos disse, em sua simplicidade, que devemos *dar a César o que é de César, e a Deus o que é de Deus*. Viver no mundo material, porquanto, ainda necessita do que César representa, a diferença está em termos o equilíbrio e o discernimento de aquilatar cada ação e atitude em prol de César e em prol de Deus.

Terminado o comentário de Quintino, todos anuíram perfeitamente e assim se dispersaram, tomando rumos diversos em detrimento das obrigações que cada um ali desempenharia naquele dia glorioso.

## Cap. VII - Diante do passado

Certa tarde, seguindo os passos de Alcebíades, Quintino dirigiu-se a sala do instrutor Guzo que prontamente recebeu-o com um sorriso franco e afetuoso dizendo:

- *Bem-vindo, irmão Quintino, Deus vos abençoe! Vós bem sabeis como, nestes últimos tempos, nossa colônia tem se esforçado para vencer o clima de pessimismo, que a grande Guerra Mundial causou em milhões de criaturas devido à imprevidência de suas mentes e, por consequência, a produção de enorme contingente de energias sutis inferiores de variadas influências nocivas. Não obstante, não conseguem supor e nem imaginar que são os artífices de suas próprias armadilhas.*

*Neste sentido, operosos trabalhadores do Cristo têm se esforçado para minimizar e extirpar estas energias deletérias, verdadeira chuva ácida, a degradar as melhores disposições psíquicas. Quando todas as manhãs, a colônia, em que aqui vos encontrais, inicia a Oração do Amanhecer, contribui, bem como outras, em fornecer material dispersivo a estas imensas massas nocivas e sutis.*

*Ah, irmão Quintino, se a humanidade soubesse do valor do pensamento positivo e, mais que isso, se vos entregásseis à prece sincera, conduzindo vossas vidas, o mundo estaria bem melhor. Enquanto este momento não chega, de nossa parte, devemos oferecer todo o nosso empenho, para que os planos do divino Salvador se estabeleçam o mais rápido possível.*

*Quanto a vós, querido irmão, o que tendes em mente para o vosso futuro?*

Pego assim de surpresa a respeito de suas expectativas futuras, Quintino demorou um certo tempo para concatenar as ideias e caso o diálogo estivesse sendo observado por terceiros, teria gerado certo clima de constrangimento. Após longo tempo, arrematou:

- Estimável instrutor Guzo, desde o tempo em que aqui fui recolhido e amparado por abnegados benfeitores como o enfermeiro Alcebíades e por ti mesmo, tenho meditado profundamente em tudo que fiz na última passagem pela Terra, em especial nas coisas que deixei de fazer, devido ao meu orgulho e minha pretensa sapiência. Pela minha facilidade com a escrita, influenciei multidões, induzindo-as a aceitar aquilo que minha ideologia apontava como fiel e verdadeira. Não o fiz, em momento algum, por sofisma ou quaisquer outros sentimentos ocultos. Acreditei, com todas as minhas forças, que o caminho para as terras brasileiras deveria ser justamente aquele a que aspirava. A política sempre me fascinou e traz um apelo muito forte para minha alma ainda titubeante. Por isso, acredito que meus objetivos futuros devam estar relacionados a este mister.

Com carinho e desvelo, Guzo que afetuosamente escutava as encomiásticas palavras de Quintino retorquiu serenamente:

- *Querido irmão Quintino, temos a plena certeza de que em vossa última passagem pela vida material tivestes, como escopo, a paixão pela política e a sua aplicabilidade. Tal tendência herdastes desde as épocas de Roma, onde seguidamente vos enveredastes nos meandros da política, através de cargos do senado romano. De lá para cá, tivestes sim outras roupagens carnais em diversos misteres, mas tendes seguido carregando no inconsciente, a atração pela política. No entanto, meu irmão, necessário se faz capacitar-vos no desenvolvimento de outras especialidades de forma mais contundente, tais quais, o senso de justiça, a solidariedade e o altruísmo. Tais virtudes, quando bem desenvolvidas, fomentam a verdadeira política.*

*Viver novamente experiências no seio político, no presente estágio evolutivo em que vos encontreis, pouco acrescentará a vosso espírito diligente e voluntarioso. Sugiro, em vossas reflexões mais íntimas, a buscar em próxima vilegiatura carnal o oposto das posições político-administrativas, pois, em verdade, muito podemos fazer pela política, trabalhando como agentes fiscalizadores do estabelecimento das diretrizes por ela fixada. Assim sendo, podemos demonstrar através de exemplos verdadeiros, a aplicabilidade das leis que a política impõe à sociedade.*

*Vivendo doravante do "lado de lá", sentireis os efeitos e a resultante das políticas sociais, aquilatando o justo valor de cada uma delas. A melhor maneira, de verificarmos se os vossos ditames e ações são justos e corretos, é vos colocar no lugar do próximo, como o Cristo nos ensinou. Por um bom tempo, vós e o grupo espiritual que vos acompanhais a marcha evolutiva devereis reencarnar nas terras brasileiras. Lembremos o que nosso irmão Eusébio tem nos apontado, que*

*Ismael tem solicitado apoio e esforços vigorosos, para que se implante o mais breve possível os desejos do Cristo no solo brasileiro.*

*Neste quesito, vossos préstimos e de todos os outros se fazem necessários, porquanto sugiro que reviseis vossos propósitos reencarnatórios, a fim de desenvolverdes em vosso espírito, a solidez da fraternidade e da justiça, para, a posteriori, em futuro que pertence a Deus, requisitardes novas investiduras em cargos políticos.*

Quintino tocado em suas mais profundas fibras, agradeceu emocionado ao instrutor Guzo e foi em busca do *Jardim das Oliveiras*, local criado na colônia *Terra Brasilis*, em homenagem ao Getsêmani, onde o Cristo, em seus últimos dias na Terra, orou ao *Pai Celeste*, a fim de fortalecer-se perante o martirológico, que passaria em seus momentos derradeiros na Terra.

Os diversos departamentos de estudo existentes na colônia facilitavam, por sua vez, a readaptação e a inserção de seus albergados nos mais variados programas de tratamento e aprendizado. Cada irmão, ali presente, era portador de alguma deficiência ou desequilíbrio psíquico, proveniente da última jornada terrestre. Para lá, afluíam muitos ex-banqueiros, ex-juízes, ex-políticos e pessoas que tiveram alguma posição de destaque administrativo, embora também albergassem vários outros companheiros das mais diversas posições sociais, não obstante, na sua maioria, tivessem na política as suas tendências e predileções.

O setor designado para a recapitulação do passado, geralmente, operava verdadeiras transformações, quando algum irmão para lá era designado. Isso só era possível, se houvesse superado as primeiras fases da adaptação à nova morada e pré-dispondo de vontade interior, a fim de reparar seus erros, conquanto tivesse dificuldades de como iniciar tal processo. Por isso, relembrar com exatidão as circunstâncias e os detalhes dos erros cometidos no passado, facilitaria a concatenação das ideias, a fim de discernir os principais pontos e objetivos futuros a serem alcançados.

Contudo, lembrar o passado não é tarefa fácil, porque muitas vezes põe à mostra nosso lado sombrio e desajustado, caindo por terra os filtros da complacência e condescendência para com nossas próprias faltas. Mecanismos estes que, inconscientemente, criamos, para justificar nossos defeitos. Em muitos casos advém a tristeza e a desilusão, fazendo com que a terapia seja considerada *"tratamento de choque"*.

Apesar disso, não devemos esquecer que a Misericórdia divina age sobre nós na mais perfeita sapiência, induzindo-nos de forma justa e equânime ao reajustamento adequado, de acordo com as nossas necessidades. Assim sendo, nossos ex-republicanos também passaram por esse tratamento, mas foi Deodoro, quem mais sentiu os reflexos do mergulho ao seu passado. Aprofundando-se com mais intensidade nas ações pretéritas, pôde perceber o quanto ainda precisava trabalhar certas facetas de sua personalidade irascível e dominadora.

Sob a orientação do instrutor Guzo, retornou a duas encarnações anteriores, onde vivenciou experiências semelhantes relacionadas à autoridade e ao poder. Pôde então perceber o esforço que deveria lograr no sentido oposto, a fim de trabalhar a humildade e a resignação através da pobreza e da subserviência, embora ainda estivesse confuso, quanto à estratégia que estabeleceria em seu futuro plano reencarnacionista.

Passados alguns dias do ocorrido, foi em busca do instrutor Guzo, a fim de lhe pedir conselhos sobre as enormes dúvidas que carregava consigo, a respeito de seu destino.

O instrutor Guzo, atento à importância do momento e em amplo gesto de afetuosidade, redarguiu a Deodoro, de forma a minimizar as cruciantes dúvidas que a mente do antigo militar acalentava:

*- Caro irmão Deodoro, não cobreis de vós, aquilo que ainda não amealhastes no Jardim de vossa alma. Vossa sementeira realizar-se-á, sempre baseada nas devidas condições de vossas possibilidades de cultivo. Jesus, em momento algum, cobrou de seus apóstolos ou de seus seguidores quaisquer posturas ou ações que ainda não estavam capazes de praticá-las. Deste modo, apaziguai vosso coração e vos instruí adequadamente, no tempo e nas condições propícias de vossas forças. A ansiedade é armadilha cruel, que tem feito ilimitadas vítimas na face da Terra.*

Toda a criatura que alberga em sua mente o imaginário das situações, dos valores ou dos anseios, que ainda não é capaz de aquilatar, compromete-se com as ilusões e as utopias perigosas, que acabam por dificultar o presente, em especial, no justo e necessário discernimento, para a tomada de decisão que a ocasião lhe exige. Reflitai, por enquanto, sobre as últimas seções que fizestes no mergulho de vosso passado. Procurei com todas as vossas forças, os principais pontos que vos induziram aos erros e às tomadas de decisões equivocadas. Percebereis que estes momentos não se constituíram de atos isolados ou aleatórios, carregaram consigo significado fundamental. Porquanto se baseiam em condicionantes adquiridas, por seguidas decisões na mesma direção. Em outras palavras, tendências psíquicas acumuladas e irrefletidas por descompromisso com o verdadeiro amor.

Em última análise, podemos considerar como Indulgência divina para com nossas imperfeições, em que a misericórdia do sempiterno aguarda pacientemente que façamos a nossa parte, através das boas escolhas. Contudo, caro irmão, quando estas são tardas e lesas, a Misericórdia aciona os mecanismos das leis universais, que regem os nascimentos do protoplasma singular tanto quanto as nebulosas cosmogênicas, de forma a impulsionar a criatura a caminhar, rumo ao seu destino triunfante da glória celeste.

*Por isso, irmão Deodoro, ao examinar vossas tendências com carinho, percebereis em quais facetas morais devereis concentrar-vos e as atacar de forma direta, através de estratégia reencarnacionista orientada a objetivos específicos, a fim de combatê-las. Na grande maioria das vezes, ao traçarmos o nosso roteiro terrestre com objetivos voltados para combates específicos, obviamente, ao vivenciar tais experiências, outros sub-combates aparecerão, e, consequentemente, pela força das coisas, vamos com esforço, trabalhando outras facetas de nosso caráter. Bem se vê, que a dinâmica da vida, nos proporciona trabalho constante e devemos aproveitá-la da melhor forma possível, daí a necessidade de promovermos o bem no limite de nossas forças. Não obstante, o campo de provas terrestre permiti que atinjamos, maior parcela de sub-objetivos, acelerando por sua vez, o nosso adiantamento moral. Compreendeis?*

Aturdido com a profundidade dos conceitos aludidos com tanta clareza e objetividade, Deodoro, por alguns instantes, titubeou na resposta para a pergunta de chofre e meio vacilante respondeu:

- Sim, instrutor Guzo, embora tais conceitos antevejo ainda muito distantes da concretização efetiva em minha personalidade. No entanto, agora deslumbro aquilo que até então me parecia uma utopia, estar muito mais próximo e possível de ser alcançado. Em minhas últimas seções de regressão ao passado, percebi que minha índole dominadora não foi ainda capaz de aquilatar as posições de subserviência, de resignação e humildade, apesar de saber que já tive algumas experiências como escravo e como servo. Assim sendo, começo a perceber que devo, doravante, trabalhar meu espírito neste sentido.

*- Nossas conquistas sempre serão fruto do esforço individual e do direcionamento sincero que empregamos em domar nossas más tendências. -* Disse Guzo, esperando alguns instantes para que Deodoro absorvesse o ensinamento, arrematando em seguida. *- Não podemos depositar no próximo, aquilo que nos compete, nem tampouco construir nossa felicidade baseada em outrem, pois nossa evolução e consequente felicidade que advirá, só se concretizará, efetivamente, quando nossas boas ações e conquistas decorrerem dos esforços próprios empenhados em tal direção. Se a vossa alma, no presente momento, pressentis que, em vossos futuros passos, devereis gravitar em torno de tais objetivos agora pouco elencados, caminhai confiante neste sentido. Buscai, no departamento reencarnatório, apontamentos sobre estes aspectos, de forma a vos facilitar a empreita, e ao terminar o vosso esboço, vos auxiliarei quanto aos detalhes. Pressinto grande sucesso nos vossos futuros objetivos e não nos esqueçamos jamais, de que Deus é Pai amoroso.*

Findada a reunião particular com o instrutor e amigo, Deodoro saía dali revigorado. Seu semblante era um misto de alegria e otimismo, sentia, em seu coração, o Deus vivo de Abraão, de Isaque e de Jacó aludido nas escrituras sagradas[36], percebia com todas as forças de seu ser, que era dono de seu destino e que tudo o que construíra até o presente momento ou que deixara de construir, fora o único responsável por estar naquela situação. Noção que na Terra, não aquilatava com esta magnitude, muitas vezes imprimindo a outrem a culpa de sua própria desdita.

---

[36] Mateus 22,23.

## Segunda Parte

## Cap. VIII – Na busca dos ideais de justiça

Era meados de mil novecentos e trinta e quatro e vamos nos encontrar no interior do estado de São Paulo, em Vargem Grande Paulista, futuro nome atribuído à pacata cidadela, que entre aclives e altiplanos destacava-se pelo clima ameno, mas um tanto úmido, com suave brisa proveniente do Sudeste paulista, geralmente deixando o clima temperado. Trigo, café e mandioca foram as bases de sua agricultura no passado, onde os barões do café de outrora deixaram marcas indeléveis, contribuindo para a infraestrutura e a independência municipal que viria alguns anos mais tarde.

Nascia ali Fernando Brandão, menino franzino e de saúde instável, mas que, desde criança, demonstrava grande aptidão para a memória rápida e versatilidade para as letras. Uma constante bronquite, volta e meia, retinha-o por alguns dias fora dos estudos, por isso era necessário muita cautela e tratamento adequado, para que os episódios brônquicos não evoluíssem para uma pneumonia, o que naturalmente agravaria a situação.

Assim os anos foram se passando e, mesmo em condição humilde, Fernando conseguira ingressar em distinta universidade, através de bolsa de estudos, em que amigos influentes, gentilmente, auxiliaram-no nos trâmites inscritivos. Logo, Fernando, em regime bolsista e por seu próprio esforço, viajava para o exterior mais precisamente para Coimbra, Portugal.

O clima local, a princípio, não fez bem ao jovem estudante, fato que o obrigou por mais de uma semana, a ficar interno nas dependências médicas, adrede à faculdade, acarretando cuidados especiais do médico responsável da instituição. Algumas noites, Fernando, em delírio, dizia-se republicano e que tomara o poder através de um golpe ao regime monarquista, o que espantava a enfermeira de plantão que, preocupada, logo fizera contato com o médico, para que pudesse avaliar a situação, sendo orientada pelo esculápio a aumentar a dose do antitérmico e fazer compressas geladas para diminuir a temperatura corporal.

Passado este episódio, Fernando recuperara as forças e mergulhara nos estudos, a fim de fazer jus à oportunidade recebida, através da bolsa e pela confiança nele depositada pelos amigos que ficaram no Brasil.

A faculdade, apesar de tradicional, tinha um corpo docente bem heterogêneo, professores liberais e conservadores formavam um conjunto harmonioso de práticas educativas e pedagógicas, o que contribuiria enormemente na formação de seus alunos. Na prática, os alunos tinham contato com as mais variadas vertentes de conceitos jurídicos, filosóficos e morais. Aprendiam, além da solidez da jurisprudência portuguesa, também a união de conceitos filosóficos diversos, tais como o taoísmo, o hinduísmo, os gregos e os metapsíquicos, incluindo os teosóficos de madame Blavatsky.[37] Este conjunto de informações, quando bem compreendidas, fazia com que os alunos pudessem avaliar uma questão por diversos ângulos, proporcionando-lhes maior facilidade em discernir o âmago do assunto e estabelecer uma linha de raciocínio mais lógica e objetiva.

Para os alunos interessados e operosos, tal pedagogia era maravilhosa e Fernando, pertencente a este seleto grupo, crescia em conhecimento específico e moral. Era de formação católica, mas, muitas vezes, via incompatibilidade quanto ao que pensava racionalmente e o que presenciara das poucas pregações de que participara e dos raros diálogos que travara com seus familiares sobre assuntos religiosos. No entanto, agora era diferente, ouvia diversos ângulos de análises filosóficas e religiosas, auditados por mentes acadêmicas e comparados com a própria história da jurisdição, passando pela *Lei das Doze Tábuas Romanas*[38], também as perpetradas pela Inquisição católica, até as modernas declarações dos direitos humanos[39],

---

[37] **Elena Petrovna Blavátskaya** (1831 - 1891), nasceu no império russo, atual Ucrânia, mais conhecida como Helena Blavatsky ou Madame Blavatsky, foi uma prolífica escritora russa, responsável pela sistematização da moderna Teosofia e co-fundadora da Sociedade Teosófica.

[38] **A Lei das doze Tábuas** (*Lex Duodecim Tabularum*) constituía uma antiga legislação que está na origem do direito romano, formava o cerne da constituição da República Romana e do *mos maiorum* (antigas leis não escritas e regras de conduta).

[39] Em 1789, na França, estabelece-se a Declaração dos Direitos do Homem e do Cidadão, marcando o início da Idade Contemporânea e grande progresso em relação aos Direitos Humanos. Em 1948, a ONU elabora a Declaração Universal dos Direitos Humanos (DUDH), que é considerado um marco para o Direito

tudo isso comparado às correntes filosóficas gregas, às francesas e às alemãs do período iluminista. Entretanto, o que mais lhe atraíra, ultimamente, foram as reveladas por Hippolyte Léon Denizard Rivail, eternizado como Allan Kardec, cujas propostas, indicadas por um de seus professores, vinham, gradativamente, interessando-o.

Fernando, por sua vez espírito altivo, gostava de tirar todo o aprendizado possível desses vários mestres, com os quais teve contato ao longo dos anos e sempre que podia, demorava-se em diálogos filosóficos elucidativos. Nos últimos anos, conhecera José Carvalho, um professor que fora algumas vezes ministrar palestras na instituição e notara que as suas preleções, além de encantadoras e intimistas, revelavam ensinamentos espiritualistas mais abrangentes do que aqueles que ouvia dos outros mestres da universidade. José utilizava-se de associações com leis físicas e psicológicas com tal naturalidade, que despertava em Fernando questões outras, um pouco confusas ou não equacionadas corretamente pelo Budismo no seu modo de pensar, e por isso, em determinada oportunidade, a sós com o professor José, perguntou-lhe a respeito das religiões e do Budismo, em particular, e assim José se expressou:

*- Toda e qualquer manifestação religiosa que inspire no homem a necessidade de melhorar-se, em especial no trato com o seu próximo, é louvável e deve*

---

internacional, por ser a primeira estrutura formal e material de proteção dos direitos fundamentais da pessoa humana em âmbito global.

*ser praticada com a maior seriedade e responsabilidade. O homem, desde priscas eras, perquiriu, em seu íntimo, a respeito da divindade em busca respostas. Outrora, em atitudes simplistas, praticava sacrifícios, como medida bajulatória e submissa, a forças incompreensíveis que supostamente acreditavam agradar, entrando assim, em ciclo inesgotável de oferendas e holocaustos num automatismo sem contestação. Com o passar dos anos e a dilatação da compreensão humana, a divindade tornou-se majoritária, partidarista e tendenciosa e cada povo adotando-a, acreditava ser mais valoroso e especial do que os outros. Consideravam que suas forças de dominação para com os povos rivais eram provenientes deste Deus, portanto media-se a força divina em decorrência das conquistas e vitórias.*

*Seguindo o mesmo princípio evolutivo do entendimento humano, começou-se a observar o valor religioso, agregado às manifestações de seus adeptos, e isso fez toda a diferença, porque iniciou-se o reconhecimento da valiosa lição do apóstolo Tiago, que dizia que a fé sem obras é morta em si mesmo[40]. Neste aspecto, o Budismo bem como outras religiões trazem, através de seus divulgadores, figuras de paz e equilíbrio. Sidarta Gautama, em suas diversas manifestações da vida cotidiana, sempre ensinou a paz e a comunhão entre os homens. Portanto, aqueles que realmente se comportam de acordo com os ensinamentos budistas, indicam estar no caminho de*

---

[40] Tiago 2,26.

*luz e do crescimento espiritual. Ao mesmo tempo, caro Fernando, devemos lembrar que o próprio Cristo, quando aqui veio, disse aos seus apóstolos que havia muitas coisas a serem ditas, mas que eles ainda não eram capazes de suportar. A própria luz, meu querido irmão, se projetada com muita intensidade nos olhos dos incautos é capaz de cegá-los. Assim sendo, outros ensinamentos vieram e tantos outros virão para trazer à humanidade, na hora correta, diretrizes Iluminativas rumo à perfeição.*

*O período Iluminista, após os séculos de sombra a que a humanidade foi submetida, albergou em seu seio muitas revelações no campo da arte e do belo, na Química, na Física, na Filosofia com os ideais de Montesquieu, Voltaire e Rousseau, tais como igualdade, fraternidade e liberdade. Estes foram o alicerce para um bem maior e mais substancial que Jesus outrora havia prometido com a vinda do Consolador Prometido. E na metade do século XIX, um valoroso homem de ciências, pesquisador e pedagogo, observando um fantástico evento que ocorrera em várias localidades do mundo, a princípio chamado de Mesas Girantes, iniciou um longo e espinhoso roteiro de compilação de elementos ofertados por Espíritos, chegando a um impressionante manancial de informações e as denominou de Doutrina Espírita, com um tríplice aspecto: filosofia, religião e ciência.*

*No momento, nobre Fernando, é o que a humanidade tem de mais elevado em Filosofia e informações a respeito do ser, do destino e da dor. Caso se interesse por estas informações, isto traduzir-se-á em um liceu completo, uma total renovação e reorganização de ideias e maneiras de se encarar a vida. Aprofundar-se na Doutrina Espírita é verdadeiro compromisso consigo mesmo, em que o maior juiz e o maior cobrador será você mesmo. Estaria pronto para esse novo desafio? - Perguntou-lhe José de forma provocativa.*

## Cap. IX – Aprendendo o valor da humildade

Paralelamente, em um semiárido do sertão de Pernambuco, em São Caetano, mais tarde chamado de Caetés, nascia uma criança franzina de baixo peso, em noite seca, quente e escura, em singela choupana de pau a pique onde a Espiritualidade luminosa cumpria, com extrema devoção e cuidado, a missão de auxiliar a vir ao mundo, mais um ex-republicano, carregando, em seu íntimo, roteiro reparador e ao mesmo tempo libertador.

Aos olhos do mundo, a extrema pobreza é sinal de subdesenvolvimento e atraso, carregando o estigma da infelicidade e do descaso divino. Aos olhos do Altíssimo, representa bendito ensejo de reajuste para com as sagradas leis e, ao mesmo tempo, oportunidade de revelar ao mundo qualidades morais superiores, quando o candidato observa e executa as tarefas de forma digna e perseverante.

Aos olhos dos cientistas políticos, as estatísticas da miséria no mundo sobressaem-se de forma gritante em detrimento aos padrões sociais elevados. E, em rápida análise, constatam-se que os modelos e padrões econômicos mundiais não estabelecem, ainda, meios mais justos e aceitáveis quanto à distribuição de renda e dividendos. Todavia, penetrando de maneira mais aprofundada na questão, percebe-se que, estando o orbe terrestre na presente classificação de provas e expiações, em linhas gerais, ainda reflete as características morais pertinentes às suas individualidades, tais como o egoísmo e o orgulho, que, em verdade, são as matrizes a gerar uma contingência enorme de sub-matrizes infelizes de padrões de comportamento inferiores, dentre elas podemos destacar, a ganância e a sede de poder.

Em via de regra, aqueles que, por um motivo ou outro, saem das posições mais humildes, em recebendo algum dinheiro, prestígio ou poder, facilmente esquecem-se de suas origens e se tornam iguais ou tão piores àqueles aos quais estavam subordinados ou submetidos em seu círculo de domínio. Demonstrando, em seu íntimo, que não é o valor agregado externo que os fazem serem diferentes ou melhores, mas o que carregam consigo no âmago da alma que os diferencia. Desta forma, observa-se o acerto do Cristo ao afirmar que: *"Pois onde estiver o vosso tesouro, aí também estará o vosso coração"*[41].

Portanto, para o Espírito ainda endurecido e preso ao egoísmo e ao orgulho, a vivência, a experiência e o contato com a miséria capacitá-lo-ão, de forma mais direta, a enfrentar as suas próprias dificuldades morais, funcionando, em muitos casos, como *tratamento de choque,* que o Espírito impõe a si mesmo, de forma a forçar-se a dominar as suas más inclinações. Neste tocante, também se observa que muitos irmãos, não suportando o peso das provações, rebelam-se em atitudes infelizes, gerando quadros lamentáveis de violência, de revoltas, de lapidação do patrimônio público, etc., criando, para o futuro, maior

---

[41] Lucas 12,34.

somatória de débitos para com as soberanas leis que, cedo ou tarde, terão que ressarcir.

Pedro, aparentemente, não possuía as forças necessárias para *"vingar"*, como se diz popularmente, pois era o oitavo filho que Deus depositava nas mãos daquele pobre casal. Embora tudo asseverasse que a tragédia logo estivesse consumada, o menino resistiu e assim foi crescendo e se adaptando a sua nova jornada terrestre.

João, pai de Pedro, com o passar do tempo, percebera que não teria condições de permanecer naquele local e prover o sustento da família, pois o solo seco e pedregoso enjeitava o rústico roçado de feijão, de mandioca ou de outro tubérculo que fosse ali plantado.

As águas das chuvas, raras e esparsas, eram difíceis de armazenar, pois não tinham condições de construir uma cisterna ou captá-las para um poço, advindo mais dificuldades, por isso, quando o compadre Onofre, que viera fazer-lhe uma visita, comentara que estavam arrebanhando trabalhadores para as capitais de Salvador, do Rio de Janeiro e de São Paulo para a construção civil e que talvez fosse uma oportunidade para aquela infeliz situação em que se encontravam, seus olhos brilharam.

Ao escutar as palavras do compadre, João, sem muito pensar ou conversar com a esposa, disse-lhe:

- Deus há de me amparar nesta nova oportunidade. A morte tem sido nossa companhia quase que diariamente neste fim de mundo. Peço coragem para a breve separação de meus filhos e de minha mulher, mas sinto que a sorte vai mudar para nós. Amanhã mesmo, irei à cidade e vou para uma dessas capitais e, todos os meses, mandarei dinheiro a Maria e nunca mais nossos filhos passarão fome.

Dito isto, encerravam ali aquela prosa que marcaria o destino de muitos Espíritos.

Após a partida de João para Salvador, a família viveria as mais rudes provações, pois agora sem o seu apoio e com oito crianças para criar, Maria esforçava-se para suprir a falta do esposo, que, até então, não conseguira enviar nenhum dinheiro. Bem ou mal, quando presente, alguma coisa sempre conseguia trazer para as panelas, fosse uma ave de rapina ou um calango que capturava, alguns poucos grãos de feijão que conseguia colher, um pouco de leite de cabra que sustentava com as poucas palmas que vingavam no solo agreste.

Agora, a situação piorara e, muitas vezes, Maria recorria aos poucos moradores da cercania, para não morrerem à mingua. Isto perdurou até o dia em que uma recenseadora fora fazer-lhes uma visita de forma a colher informações sobre os habitantes locais.

Há dois anos, João fora para Salvador, fazendo os problemas recrudescerem, pois sequer havia uma notícia de seu paradeiro. Maria, em seu íntimo, sentia que algo de muito grave havia acontecido, pois não era da índole do marido desaparecer sem deixar notícias. No entanto, as más línguas, que a qualquer momento transbordam o fel de seu íntimo, prontamente diziam que João havia arrumado outra família em Salvador e esquecera os seus. Maria confiava no caráter do esposo e sua percepção apontava para algo que o impedira de se comunicar e mandar mensalmente o dinheiro que havia prometido.

Ultimamente, estava tendo pesadelos com o marido que se mostrava nervoso e impossibilitado de falar, como se houvesse perdido essa faculdade e, dessa forma, não havia interlocução entre ambos. No sonho, notava apenas o nervosismo e a ansiedade do esposo em dizer-lhe algo. Acordava assustada e ofegante e estes pesadelos se repetiram algumas vezes até a chegada de uma senhora por aquelas bandas com uniforme e credenciais do governo dizendo ser recenseadora do IBGE[42] (*Instituto Brasileiro de Geografia e Estatística*), órgão criado há poucos anos.

De cabelos negros e tom de pele alva, tinha um semblante suave a destacar largo sorriso franco e jovial, expondo uma dentadura muito bem conservada e alinhada, algo raro ali naquela região, onde, devido às péssimas condições de higiene, muitos perdiam seus dentes de forma prematura, revelando sorrisos falhos e constrangedores. Beatriz, como se chamava, levava sua profissão com muita seriedade e competência. Analisava as casas que adentrava, procurando com seu olhar percuciente e memória fotográfica, tudo o que havia ou o que faltava nas casas que visitava. Aplicava também longo

---

[42] O Instituto Brasileiro de Geografia e Estatística é um instituto público da administração federal brasileira criado em 1934 e instalado em 1936 com o nome de Instituto Nacional de Estatística; seu fundador e grande incentivador foi o estatístico Mário Augusto Teixeira de Freitas. O nome atual data de 1938.

questionário, que ela própria preenchia, pois, a maioria da população carente era analfabeta. Completava as informações que o questionário exigia, mas também procurava ir além, de forma a estabelecer maior vínculo com as famílias.

De índole sensível, logo notara o drama vivido por Maria e seus oito filhos, contudo, um menino franzino e irrequieto lhe chamara a atenção. Pedro, apesar de apresentar sintomas de desnutrição e barriga inchada, era de uma esperteza e sagacidade pouco vistas em famílias naquelas condições, dentre as que já havia visitado. Aquele olhar de menino frágil, carregava ao mesmo tempo uma determinação, uma força, um magnetismo que jamais vira em nenhuma criança daquela idade, e isso a impressionou deverasmente.

Após a conversa com Maria e o término das perguntas, passou a conversar com as demais crianças, porém reservou especial atenção ao caçula, que notando certa preferência por parte da recenseadora, logo lhe quis mostrar suas aptidões em construir pequenos objetos com as pedras, madeiras e sisal que apanhava na localidade e apresentava os pequenos brinquedos, como verdadeiros tesouros à ilustre visitante, que realmente ficara impressionada com as habilidades artesanais da criança de apenas sete anos.

Não havia pelas redondezas, nenhum agrupamento escolar, pois o mais próximo ficava a sessenta quilômetros de distância, portanto inviável para aquelas crianças estudarem e terem um melhor direcionamento na vida, o que acabrunhava profundamente Beatriz, que sentia naquele momento, no fundo do seu coração, os reveses da vida e as injustiças sociais deste Brasil de enormes extensões territoriais e disparidades econômicas.

A Segunda Guerra Mundial havia terminado há poucos anos, mas as dificuldades econômicas brasileiras ainda eram gritantes. Os recentes movimentos políticos, após a saída de Getúlio Vargas e posteriormente de seu retorno alguns anos mais tarde a culminar em sua morte, criaram uma instabilidade política e, por consequência, econômica, mesmo com a expansão do agronegócio nas regiões do Mato Grosso e Sul de Goiás. O Nordeste ainda carecia de um olhar mais auspicioso por parte dos governantes, em especial, daqueles que organizavam os programas de desenvolvimento nacional por meio das políticas de metas e diretrizes voltadas às regiões mais carentes, no caso o Norte e o Nordeste do país.

Beatriz, apiedada com as condições daquela família, e estranhamente tocada pelo enigmático olhar de Pedro, iniciou em sua mente um plano para, de alguma forma, ajudar mais especificamente aquele pequeno grupo familiar, que vivia uma situação de extrema pobreza. A primeira ação que providenciou foi buscar informações do paradeiro de João.

De posse de maiores dados a seu respeito, conseguidos na paróquia e no cartório da cidade, providenciou o cruzamento destas informações no departamento em que trabalhava e, após alguns dias, infelizmente, conseguiu o registro de informações da morte de um senhor do mesmo nome em Salvador, há dois anos, apenas um mês depois de sua saída de casa e em circunstâncias não muito bem esclarecidas, mas que, a princípio, haviam ocorrido perto de uma agência de correios de Salvador, onde meliantes, após o latrocínio, evadiram-se do local, roubando o salário do operário recém-contratado por empreiteira local.

Beatriz, de posse das tristes notícias, passara as informações para Maria e o funesto enigma esclareceu-se. Em verdade, João, ao receber o seu primeiro salário, fora até a agência do Correio para enviá-lo à família, sendo notado por dois infelizes meliantes que o abordaram, esfaqueando-o na sequência, porque João negara-se a entregar o dinheiro tão suado e sofrido, reservado à sua família, que tinha necessidades prementes. Não resistindo aos golpes violentos e portando apenas um modesto recibo de uma construtora em seu nome e sem maiores interesses por parte das autoridades, fora sepultado como indigente e assim sua família não pôde ser avisada e, por consequência, ficou por dois anos sem informações. Em seu obituário, constava apenas seu nome completo e pequeno resumo da causa-morte.

Cabe lembrar que, naquela época, as informações de ordem pessoal cadastradas a nível governamental eram escassas e incompletas. Somente ao longo dos anos, é que, aos poucos, os sistemas de identificação, cadastramento e rastreamento por consultas foram se aprimorando e, mais recentemente, se informatizando.

De posse de tais informações prestadas por Beatriz, tudo mudaria e tudo se esclareceria finalmente. Apesar das notícias tristes, de certa forma

Maria sentia-se aliviada, pois o caráter de seu marido havia sido preservado. João não havia abandonado a família e constituído outra como as más línguas afirmavam, mas havia morrido heroicamente, lutando por resguardar o pequeno salário que havia recebido e que estava prestes a encaminhar pelo correio. O episódio trouxera certa paz de espírito para Maria e os pesadelos extinguiram-se.

Beatriz, em conversas com amigos, ficara sabendo de um recente projeto de assentamento social que estava acontecendo perto de Salvador, em cidade próxima e, através da insistência e interferência de alguns conhecidos de seu departamento, conseguira incluir Maria e seus filhos na listagem de espera, incluindo-a também em projeto de cestas básicas até a abertura em definitivo do programa que mudaria a vida de centenas de famílias pobres do agreste brasileiro.

## Cap. X - Um advogado de brio

Perder-se-ia o foco da narrativa, se não voltássemos à chegada de Fernando ao Brasil e as suas primeiras realizações profissionais. O causídico recém-formado voltara com a autoestima elevada e a necessidade de colocar em uso todos os conceitos morais filosóficos em suas ações práticas profissionais, por isso estabelecera um critério na escolha das causas a defender. Não tinha vontade e nem se aprofundaria nas criminais ou de cunho civil comum, entrementes tinha maior simpatia pelas trabalhistas, coletivas sociais e políticas. Inclusive frequentara curso de formação extracurricular em direito político internacional.

Em vista disso, passara a recusar toda e qualquer causa que não estivesse enquadrada nestes critérios, e, a princípio, isso não fora bem interpretado pelos familiares e amigos, que mais diretamente estavam ligados a ele. Mesmo porque, de origem humilde e de formação acadêmica em regime bolsista, recusar causas é, na prática, não ter dinheiro para o autossustento, e isto, obrigava-o, muitas vezes, a fazer refeições na casa de amigos e também o fizera voltar à casa dos pais que, por sua vez, esperavam dele maior comprometimento com a profissão.

Fernando, em muitas ocasiões, tinha que explicar, com paciência hercúlea, a recusa de determinadas causas aos mais próximos, que enxergavam nesta atitude uma espécie de indolência, ou vulgarmente falando, preguiça. O fato perdurou até a chegada de uma causa trabalhista coletiva, que chegara a seu pequeno escritório por indicação do amigo Márcio, que estudara com ele em Portugal. A empresa em questão era uma tecelagem tradicional da família Andrade e Silva, tendo como seu diretor-presidente, o senhor Venâncio Andrade e Silva, que dispensara cinco funcionários de forma sumária e sem quaisquer direitos trabalhistas que, apesar de existir jurisprudência há alguns anos, não eram respeitados pela grande parte dos empresários até então.

O jovem advogado, portador de grande facilidade de raciocínio e visão apurada, montou rapidamente a peça jurídica apresentando-a aos clientes e logo a peticionando[43] e, ao passo de poucos meses, era marcada enfim a primeira audiência de conciliação.

No dia aprazado, o senhor Venâncio sentado à mesa, acompanhado de seu advogado, observara a figura do jovem causídico, notando ao mesmo tempo, a sua eloquência e segurança ao falar. Fernando propõe-lhe acordo vantajoso, todavia o empresário, por seu orgulho e intransigência, não se dera ao trabalho de maior análise, descartando qualquer possibilidade de concessão, acabando por dar continuação ao processo, que a partir deste momento entraria em outra fase, até a decisão do juiz.

Passados mais quatro meses da primeira audiência de conciliação, foi marcada uma nova sessão. Naquele dia, o senhor Venâncio estava meio

---

[43] Peticionar um processo é fazer uma solicitação a um juiz ou órgão competente, de modo a compor um processo em trâmite na Justiça ou para formar um novo processo. Ela é normalmente realizada por advogados ou procuradores.

adoentado, por isso, Marília, sua filha única, pediu-lhe para acompanhá-lo, pois sua esposa naquela hora, estaria impossibilitada por compromissos cristãos assumidos. Dona Selma, era figura de destaque na igreja, e não poderia faltar, pois empenhara sua palavra ao próprio Bispo Eleutério. Sendo assim, pai e filha acabaram por se encontrar com o jovem advogado, na sala de espera, aguardando ali até a audiência, que por obra do destino, naquele dia, em especial, atrasaria por quase uma hora.

Marília era moça bem-apanhada, de estatura mediana, mas com perfil longilíneo e esbelto. Seus olhos eram da cor de mel e seus cabelos escuros lisos e bem penteados. Possuía um sorriso doce, mas pouco revelava sua alva dentadura, como se sua timidez a impedisse de mostrá-los. Fernando, que até então estava solteiro, sentira em seu íntimo uma pequena descarga elétrica dos pés à cabeça, nas frações de segundo que cruzara seu olhar com o de Marília, tempo este que, a princípio, parecera uma eternidade.

Apesar do profissionalismo e da ética profissional que estas horas exigem, procurou ser o mais cordial possível com o empresário e a sua filha. Comentava algumas amenidades, tais como o tempo e alguns noticiários do Brasil e do mundo, enquanto aguardavam a audiência. Porém, notou com alguma preocupação a palidez do senhor Venâncio, oferecendo-lhe um copo d'água e o questionando se não queria deixar a audiência para outro dia. Fato este que chamara a atenção, pois não era comum o advogado da contraparte preocupar-se com o estado de saúde de seu oponente. Passado o espanto, o senhor Venâncio, um tanto seco, disse-lhe:

- Não se preocupe com esta questão, pois logo ela estará resolvida.

A partir daquele momento, todos se calaram até a audiência.

Passados os trâmites iniciais do julgamento, a apresentação das testemunhas e das evidências, o juiz deu o veredicto em favor dos cinco funcionários, estando o empresário obrigado a pagar uma boa soma rescisória, inclusos, é claro, os honorários advocatícios, o que causou no senhor Venâncio, um aumento de pressão e um súbito mal-estar. Ao sair da audiência, foi caindo ao chão, quando imediatamente foi amparado por Fernando, que o auxiliou a sentar-se. Marília, assustada com o ocorrido e observando o interesse de ajuda por parte do jovem, pediu-lhe socorro para esta situação emergencial.

O advogado, de forma prestativa, foi ao posto médico de plantão do fórum e solicitou ao enfermeiro que viesse para auxiliar um senhor que estava passando mal. O enfermeiro, de forma rápida, ao socorrer o senhor Venâncio, percebeu intuitivamente, situação grave de suas funções cardiorrespiratórias, pedindo que fosse levado de ambulância para o hospital o mais rápido possível. Marília, que se encontrava sozinha, não sabia como agir e Fernando então, com carinho e sabedoria, foi conduzindo a situação e acompanhou pai e filha ao hospital, onde permaneceu na companhia da moça, até a alta do empresário, que após medicação e alguns exames fora liberado pelo médico de plantão. O esculápio disse que o pai da moça tivera uma indisposição súbita devido ao estresse, recomendando-lhe, no entanto, que procurasse um cardiologista para maior aprofundamento da questão.

Venâncio ao sair da enfermaria e ver a figura de Fernando foi logo perguntando a Marília de forma ríspida:

- O que este senhor está fazendo aqui?

- Calma, papai, o advogado Fernando foi muito prestativo. Esteve aqui comigo preocupado com o seu estado de saúde, conversou com vários enfermeiros e com o médico que o atendeu, me manteve calma e confiante. Sem a ajuda dele, papai, não sei o que teria sido de mim.

Venâncio, percebendo a emotividade da filha e a sinceridade de suas palavras, olhou para Fernando e lhe disse:

- Tudo bem, meu rapaz, perdoe-me a rudeza, entendi que só quis me ajudar. Muito obrigado!

A partir daquele momento, criou-se um elo entre Fernando e os Andrade e Silva e, aos poucos, a união entre Marília e Fernando foi aumentando, até o início do namoro, que, a princípio, fora rejeitado pelos pais, mas, pela insistência da moça sensível e, em especial pela leve depressão que nela se instalou pela oposição paterna, o empresário cedera e achou que seria melhor autorizar o namoro de ambos, na certeza de que isso seria algo passageiro e. com o passar de alguns meses ou dias, quem sabe, Marília esquecesse o jovem advogado.

Devemos compreender o que é da lei: o planejamento que o Espírito delineia antes de reencarnar é levado a efeito com o apoio e as circunstâncias criadas pelo plano espiritual, de modo que o combinado anteriormente se estabeleça. Entretanto, é bem verdade, que nosso livre-arbítrio, influenciado pelas tendências e pelas animosidades que carregamos como almas imortais, muitas vezes, altera as designações anteriormente ajustadas, acabando na maioria das vezes em novos desajustes e dissabores, que inexoravelmente deverão em futuro próximo ou distante, serem ressarcidos perante a lei.

Raríssimas criaturas na face da Terra conseguem levar adiante seus projetos reencarnatórios sem quaisquer máculas. Poucos os cumprem com alguns comprometimentos e muitos, em verdade, cumprem-no muito pouco ou quase nada do que foi estabelecido, por isso a morosidade da humanidade em avançar, pois a própria lei, obriga-os a repetir as questões envolvidas até uma definitiva reparação. Sem contar, é claro, os agravos que acompanham o repetir das tarefas. Portanto, o evoluir se faz necessário através do mecanismo reencarnatório e, sem ele, jamais Jesus poderia ter nos pedido para *sermos perfeitos como o Pai celestial o é*[44].

Fernando e Marília firmaram compromisso, advindo o noivado, mesmo contra a vontade dos pais. Venâncio, conhecendo a origem humilde de Fernando, desejava para a filha a união com um jovem de elevada posição na sociedade, como um industrial, que frequentasse os círculos mais altos da

---

[44] Mateus 5,48.

aristocracia, mas todas as suas tentativas de escolha de pretendentes para a filha tornaram-se infrutíferas. Seu único consolo era o brilhantismo de Fernando como advogado, que, aos poucos, foi conhecendo e, inclusive, indicando-o aos amigos. Foi afeiçoando-se ao rapaz, num primeiro momento a contragosto, sempre sob pedidos e influência da filha, depois percebendo suas qualidades e, por fim, pelas observações que fazia de seu crescimento profissional, até aquele infeliz episódio.

## Cap. XI - O amor vence o orgulho

Tarde e noite afora, Fernando procurara Marília sem encontrá-la. Estava num misto de agonia e frenesi, na certeza de que em algum lugar depararia com o seu rosto. Sabia que havia errado, havia sido frio, calculista, não reconhecera o valor e a coragem dela. Via-se preso num velho preconceito mundano, afinal vinha de família pobre, não obstante chegar onde havia chegado. Mesmo assim, a sociedade era fria, interesseira e demais aristocrata. Não era possível a união de mundos tão distantes, assim como a água e o óleo não se misturavam, os Andrades e Silva não poderiam juntar-se aos Brandões.

Na noite anterior, havia ido ao encontro de Marília e, sem se atinar às consequências, colocara um ponto final ao seu romance. Não havia percebido que o mais importante era o sentimento que os envolvia e não as disposições sociais e as pressões de seus pais, por isso magoou-a ao extremo e pensando, com mais clareza, na solidão de seu escritório, acabara por reconhecer o seu erro, a sua pequenez e a sua covardia.

Saíra desesperadamente ao encontro da moça e, ao chegar à casa dela, os familiares deram-lhe a notícia, de que ela havia desaparecido repentinamente sem aviso prévio e sem o indicativo de seu destino. Estavam já dispostos a buscar as autoridades locais, quando o jovem lhes revelou as suas resoluções de algumas horas atrás. E, de súbito, ficara claro os motivos do desaparecimento da frágil e emotiva filha. Por isso, recrudesceram ainda mais a sua animosidade para com ele e, em tom ameaçador, disseram-lhe que se algo a ela acontecesse, ele seria o único responsável.

Pensamentos sombrios passaram a assomar sua mente, deixando-o mais tenso e obliterado na busca de Marília. Haviam se esgotado todos os lugares onde juntos haviam estado, as vielas paralelas e adjacentes de sua rua, as duas praças do bairro, a Igreja Matriz, o calçadão central, em todos os lugares ele já havia procurado. Onde mais ela poderia estar? Lembrou-se, então, como uma pequena vela a acender a escuridão, de que Marília muito estimava uma prima, que morava em bairro distante, mais de uma hora de trem.

Dirigiu-se rapidamente à Estação Central, porque o horário do último trem estava se aproximando. E num golpe de sorte, no último segundo, conseguiu embarcar. Sentou-se em um dos muitos lugares vazios e começou a meditar: "Caso ela estivesse na casa de Matilde, o que diria a seus familiares, para permitir a sua presença tão tarde da noite? Mais que isso, o que poderia falar a Marília, a fim de desconstruir toda a bobagem que havia criado? Teria forças e equilíbrio para bem expressar-se"?

E nessas elucubrações, o trem chegara à estação final. Desceu titubeante. Não estava seguro do sucesso da empreita, por isso caminhava devagar pelas quadras que distavam quase dois quilômetros da estação. Estava agora diante de abastada casa, de gradil alto e imponente, revelando uma indisposição natural a qualquer desavisado. Havia cães bravos e atentos, zelando pela entrada, que ostentava grande sinete de alerta para os recém-chegados. Fez menção de se aproximar do sinete e os dentes ferozes das duas feras se mostraram para ele, alertando-o que não era bem-vindo àquela casa.

Então estancou e novamente refletiu... "E se ela não estivesse ali.... Acordar a família, naquela hora por nada, qual motivo justificaria aquela atitude ousada?... Seria bem recebido ou escorraçado como um vagabundo"? Ficou alguns minutos neste conflito, quando, enfim, criou coragem, pegou a sineta movimentando-a em alto e bom som. Dali alguns instantes, algumas luzes se acenderem na entrada da casa e uma forte e vibrante voz disse lá de dentro:

- Quem está aí a estas horas da noite?

Ao soar o sinete, o espanto foi geral. "Afinal, que atrevida criatura a tal hora poderia ali estar? Seria alguma notícia urgente de algum parente que se acidentou ou adoeceu gravemente"? Assim pensou o irmão do Sr. Venâncio, Astrogildo, o dono da casa, que em tom grave e austero perguntou a plenos pulmões quem ali estava.

Com esta entonação nada amistosa, Fernando novamente estancou e demorou mais que o usual para responder, logo sendo interpelado pela segunda vez, mas agora, a voz do dono da mansão se fez mais agressiva e rapidamente aproximou-se acompanhado de Nicanor, seu zelador, que empunhava um grande facão em um dos seus potentes braços.

- Sou eu, Fernando, namorado de Marília. Desculpe-me a hora avançada, mas estamos todos à procura dela e a família já alertou as autoridades. Por acaso ela está aí, meu senhor?

O tempo para a resposta pareceu uma eternidade. Estava quase desistindo de perguntar novamente e retornar para a sua casa, quando a silhueta de Marília e de sua prima Matilde apareceram no hall de entrada.

Marília, portava um sobretudo de camurça marrom escuro e um pequeno gorro na cabeça, afinal aquela noite fazia frio. Estavam no início do outono, mas o tempo dava mostras de como seria o inverno naquele ano. Matilde, sua prima, também estava agasalhada, todavia revelava estar menos friorenta que Marília, pois deixava à mostra, certas partes do corpo. Nicanor, com a anuência do patrão, permitiu a entrada de Fernando, após prender os dois cães de guarda que não paravam de latir.

Fernando entrara no luxuoso casario, sendo conduzido em silêncio até a sala de visitas acompanhando Marília, Matilde, Astrogildo e Nicanor. A situação realmente era muito constrangedora e o rapaz aguardava, em silêncio, na expectativa de ser interpelado do porquê estava ali. Quando Nicanor retirou-se, o dono da mansão dirigiu-lhe a palavra nos seguintes termos:

- Realmente és um rapaz atrevido, por aqui estar a essas horas, mas também admiro a sua coragem. A juventude tem destas coisas... Só espero que não magoes ainda mais minha sobrinha, tu deves ter algo muito importante a lhe falar, por isso deixo-os a sós, mas fique sabendo que estaremos atentos a tudo que aqui se passar. Boa noite!

E dizendo isso, foi saindo ajeitando o seu roupão de seda francês. Matilde não se desgrudava de Marília e isso o incomodava, porque não lhe daria abertura para abrir o seu coração e pedir perdão a sua amada. Quem sabe ajoelhar-se aos seus pés e lhe suplicar o retorno, porque ele estava errado e o seu coração arrependido? Pedir que reconsiderasse tudo o que havia falado e retomasse o noivado? Porém, a presença da prima, que não saía de seu lado, fazia com que suas palavras e seus pensamentos ficassem bloqueados. Começou a suar frio e a sentir palpitações, o sangue lhe fugia do corpo e suas mãos estavam ficando arroxeadas e, por um instante, embaçou-se lhe a visão e suas pernas enfraqueceram. Já ia desfalecendo, quando Marília, percebendo o seu mal-estar, apoiou-o, fazendo-o sentar-se em confortável poltrona e pediu a prima que fosse até a cozinha, a fim de trazer um copo d'água com açúcar.

Na verdade, Fernando só havia comido um pequeno lanche na parte da manhã, havia caminhado o dia todo e com a preocupação de encontrar Marília, não tinha almoçado ou jantado e, sendo tarde da noite, sua glicemia caíra bruscamente, resultando no mal súbito. Após tomar a água com açúcar, aos poucos, foi-se recuperando do palor da pele e o alívio do mal-estar. Marília então, preocupada com aquela situação, perguntou-lhe:

- Está melhor? Há quanto tempo não se alimenta? Você tem problemas de glicemia, sabe que precisa tomar cuidado....

Aquele tom de voz, aquela real preocupação para com sua saúde fora demais para a sua consciência pesada e, mesmo na presença de Matilde, desabou em choro convulso e, ao mesmo tempo, pedia perdão à amada, dizendo que estava arrependido de ter terminado o noivado.

Marília, delicadamente, pediu a Matilde que os deixasse a sós, que estava tudo bem e que poderia resolver tal situação. A prima, titubeante, ainda retorquiu se realmente era aquilo que ela queria e se não seria prudente ficar de modo a ajudá-la a resolver o problema. Entretanto, Marília, mostrando firmeza e tranquilidade, disse-lhe em tom confiante:

- Fique tranquila, prima, sei o que estou fazendo. Pode recolher-se, tenho muitos assuntos a tratar com Fernando e esta é a hora certa.

Assim sendo, a prima retirou-se um pouco empertigada. Afinal, a vida era de Marília e ela era adulta o suficiente para saber como proceder naquela hora e, finalmente, deixou-os a sós.

Olharam-se por alguns instantes e Fernando, agora mais calmo, frente a frente com o amor de sua vida, encheu os pulmões e abriu o seu coração. Revelou-lhe suas fraquezas, os seus medos e lhe reafirmou o seu imenso amor. Disse-lhe ainda que, juntos, poderiam superar quaisquer obstáculos e que apesar das diferenças sociais, o amor tudo venceria, bastando a ela dar-lhe uma segunda chance e ele a faria a esposa mais feliz do mundo.

- Dar-me-ia uma segunda chance? – Assim lhe perguntou e, ansiosamente, aguardou a resposta...

## Cap. XII - Resiliência

Retomando a narrativa de Maria e seus filhos...

Eles haviam se mudado para o novo projeto social no Recôncavo Baiano, em Santo Amaro, que distava aproximadamente oitenta quilômetros de Salvador, graças à influência amiga de Beatriz que, através de contatos precisos e com boa vontade, conseguira incluí-los no assentamento chamado Nova Caledônia, nome atípico para a região, mas que representava, em suma, uma nova oportunidade para as quatrocentas e oitenta famílias agraciadas pelo projeto. A grande maioria era oriunda do Estado da Bahia, mas havia uma pequena parte do resto do Nordeste, em especial, de Pernambuco como o caso de Maria e seus filhos.

O projeto possuía estrutura básica de moradia, luz, saneamento e pavimentação rústica e, o principal, escola bem próxima, o que oportunizava o desenvolvimento e a instrução das crianças do jardim até a oitava série primária. Para os mais velhos, era colocado à disposição transporte escolar, tornando acessível a locomoção e completando, assim, importante ação social.

Pedro, por sua vez, engajara-se na sexta série, apesar de estar com idade para cursar a oitava. Pegava o conteúdo com facilidade e isto o estimulava, e, ao mesmo tempo, deixava a professora e a mãe extremamente felizes.

Toda a ação governamental que apresenta, em seu bojo, a melhoria de ordem individual e coletiva, em verdade, restitui para com a lei divina os estragos e os desarranjos perpetrados no pretérito, por ex-autoridades, soldados e administradores, que, de forma déspota ou violenta, usurparam grupos, cidades e nações e, agora realocados em novas posições político-administrativas, ressarcem, de maneira individual e coletiva, seus atos ignominiosos do passado. A política, quando bem aplicada, é sementeira divina a ofertar colheita abundante na messe do Senhor. As quatrocentos e oitenta famílias de Nova Caledônia estavam recebendo dos algozes do passado a restituição do que outrora haviam perdido na antiga Caledônia[45], mostrando-nos que todas as criaturas estão inseridas nas leis magnânimas e justas do Criador.

Terminado o ginásio, Pedro destacara-se na mecânica industrial e partira para estudos técnicos, arrumando emprego em uma recente mineradora no estado da Bahia. Competente trabalhador, era também muito envolvido com o movimento sindical da época, mal visto pelos patrões que acreditavam ser o sindicato regido por verdadeiro bando de anarquistas, subversivos e aproveitadores, com o propósito de tirar vantagens dos patrões, que deveriam sustentar os pretensos trabalhadores engajados no movimento e que, aos olhos dos chefes e diretores, eram verdadeiros vagabundos.

---

[45] Caledônia, região histórica ao norte da província romana da Britânia e que, a grosso modo, hoje corresponde à atual Escócia. Foi habitada pelos caledônios e invadida pela primeira vez pelo Império Romano na decisiva Batalha do Monte Gráupio.

Pedro era do tipo de não levar desaforo para casa e, algumas vezes, desentendia-se com certos companheiros de ideal, chegando, em alguns casos, à agressão, retornando ao lar com os olhos, mãos e pés inchados. Nesta época, não estava mais em Nova Caledônia. Alguns de seus irmãos haviam desencarnado e outros estavam na companhia de sua mãe, presentemente mais velha, amparando-a. O caçula Pedro, agora homem feito, havia se casado e constituído família. Possuía dois filhos pequenos, a quem mimava com toda a sorte de brinquedos e guloseimas, no intuito de compensá-los por tudo que lhe faltara quando criança, o que deixava Olga, sua esposa, a princípio apreensiva, pois a atitude paterna exagerada estava estragando os filhos, que, aos poucos, tornavam-se cada vez mais exigentes com os mimos paternos.

Certa feita, Pedro coordenando um movimento grevista na porta da mineradora, tivera um desentendimento com as autoridades policiais, pois a greve dos trabalhadores fora considerada ilegal pelo juiz de plantão e um grupo mais radical não quis dispersar-se. Ombreando então com a polícia, acabara por ser preso por alguns dias, provocando na esposa e nas crianças muita angústia. Os movimentos sindicais na época, eram muito mal vistos pela população, de uma forma geral, e a grande maioria possuía ligações políticas e se associava a movimentos populistas comunistas da Europa e da Ásia, carregando desta forma, o estigma do radicalismo[46].

Após o episódio da prisão, Pedro tornara-se mais irritadiço, passando a sentir uma leve e surda revolta, que, aos poucos, foi-lhe invadindo a mente. Achava-se injustiçado, pois, na sua visão, a causa trabalhista parecia-lhe justa em contrapartida à patronal, que só exigia e sugava de todas as formas os trabalhadores ingênuos que, pelas necessidades prementes, submetiam-se às exigências dos empregadores. Sem embargo, o sindicato, em seu ponto de vista, era a única defesa destes pobres oprimidos, e, por isso, tanto se dedicava às ações sindicais e lutava ao lado dos companheiros, que, na sua concepção, eram os *"soldados da Justiça"*.

As ideologias políticas que mobilizavam as diretrizes sindicais não tinham tanta importância para Pedro e pouco importava se, na concepção popular, ele era chamado de comunista, socialista ou integralista[47], já que enxergava, no sindicalismo, um

---

[46] Em 1945, os comunistas tentaram impulsionar uma ruptura do sindicalismo com o Estado. Essa busca de alternativa se materializa na criação do Movimento Unificador dos Trabalhadores - MUP. Apesar dessa busca de autonomia, os comunistas continuam participando da Frente Democrática Antifascista, no período inicial da Guerra Fria, em aliança com os setores ligados ao Varguismo. Em 1947, o Partido Comunista Brasileiro é colocado na ilegalidade e a repressão aos comunistas volta com toda força. Mesmo assim, o movimento sindical busca se organizar de forma autônoma, surgindo várias organizações sindicais independentes. Criada na década de 1950, a Confederação Geral dos Trabalhadores - CGT foi a mais importante. Ela se consolida no início dos anos 1960, já no governo de João Goulart (1961-1964), basicamente formada por sindicatos oficiais e, contraditoriamente, com a participação de sindicalistas de oposição à estrutura oficial.

[47] O Integralismo foi um partido e movimento político surgido no Brasil na década de 1930, influenciado pelos ideais e práticas fascistas, que se desenvolveram na Europa após o fim da I Guerra Mundial.

movimento legítimo de amparo, apoio e esclarecimento ao trabalhador. As leis trabalhistas vigentes, após a era Vargas, eram para ele apenas um instrumento de orientação e o movimento sindical, em sua concepção, representava a ação e o movimento de bases fundamentais para o suporte da classe oprimida.

Pedro, sempre fora um homem operacional, não gostava de teorizar, por isso para ele as reuniões sindicais eram maçantes e cansativas, diferentemente das ações do sindicato. Isto sim, faziam seus olhos brilharem. Seus companheiros, conhecendo a sua índole e a sua determinação, deixavam em suas mãos a operacionalização de todas as ações efetivas do sindicato, por isso, o episódio da prisão tanto lhe fizera mal, pois ficara preso por vinte dias, até que o advogado do sindicato conseguisse para ele e mais cinco companheiros, um *habeas corpus*[48].

Durante estes dias, ele e seus companheiros ficaram recolhidos em cela coletiva, com mais vinte pessoas, sofrendo as piores necessidades de suas vidas. Neste interregno, certa noite, em breve momento em que pudera conciliar o sono, tivera um sonho enigmático, em que ostentava uma alta patente do exército e que participava de uma intensa refrega com adversários que falavam outra língua, todavia o que mais chamara-lhe a atenção nestas lembranças fugidias, foi que, em determinado momento de sua experiência onírica, mandara

---

[48] Ação judicial para garantir liberdade diante de prisão ilegal ou um instrumento processual para garantir a liberdade de alguém, quando a pessoa for presa ilegalmente ou tiver sua liberdade ameaçada por abuso de poder ou ato ilegal.

prender dois soldados sob a sua ordenança por não terem cumprido, com rigor, um despacho que havia determinado aos dois infelizes, que não compreendendo o excesso de rigidez por uma simples transgressão, suplicavam-lhe que relevasse o erro.

Pedro acordara assustado com esta lembrança sem sentido, que, por sua vez, acompanhá-lo-ia até o fim daqueles dias na prisão. De volta a rotina na mineradora, aquietara-se um pouco a respeito das questões sindicais e passara a se concentrar mais no emprego. Naquela época, parte do trabalho sindical era voluntário e poucos eram os que dele subsistiam. Portanto, era fundamental que se dedicasse mais ao seu ganha pão, pois sua situação perante os patrões estava periclitante.

Em casa, Pedro não vivia período harmonioso, pois sua esposa Olga não gostava de sua participação no movimento sindical que, a seu modo de ver, nenhum benefício trazia-lhe profissionalmente, causando à família preocupações desnecessárias. Para a esposa, deveria ele focar mais no trabalho de forma a trazer maior estabilidade financeira familiar. Afinal, ainda tinham crianças em período escolar e ela não poderia buscar situação empregatícia externa, pois o excesso de trabalho na casa, na educação dos filhos e no apoio ao esposo tomavam todo o seu tempo, por isso aspirava a que o esposo tivesse maior dedicação ao emprego.

Naquela época, o movimento Espírita no Brasil já estava bem consolidado. Luiz Olímpio Teles de Menezes e outros, já há algumas décadas, haviam solidificado na Bahia, os primórdios do movimento e, mais tarde, em Salvador, organizariam a *Associação Espírita Brasileira*, nos moldes da *Sociedade Parisiense de Estudos Espíritas*. Com isso, o estado da Bahia foi, durante alguns anos, o polo catalisador do Espiritismo no Brasil. Com o passar dos anos e o nascimento de figuras de destaque, o movimento brasileiro foi se firmando e se consolidando em outras regiões, até se espalhar por todo o território nacional como hoje existe.

Olga, esposa de Pedro, contudo, possuía simpatia pela Umbanda[49], religião afro-brasileira surgida do sincretismo do Candomblé, Catolicismo e Espiritismo, pois seus pais, descendentes de escravos, cultuavam o candomblé, religião de seus antepassados, por isso, algumas vezes, pedia autorização ao esposo para participar das reuniões de um centro umbandista, que aconteciam, de forma muito discreta, a cada quinze dias próximo a seu bairro. Pedro, por sua vez, para manter a harmonia no lar, permitia que a esposa participasse, desde que acompanhada de sua prima, assim sendo, as duas frequentavam as reuniões de vez em quando.

Após o episódio da prisão, Olga, notando a diferença de comportamento do esposo, viu mais um motivo para buscar na reunião religiosa um apoio e, quem sabe, alguma referência mais direta a respeito

---

[49] É uma religião afro-brasileira nascida do sincretismo do Candomblé, Catolicismo e Espiritismo, surgiu oficialmente no subúrbio do Rio de Janeiro em 1908, através do médium Zélio Fernandino de Moraes, que teria incorporado o Caboclo das Sete Encruzilhadas dando-lhe orientações para a criação da religião, espalhando-se rapidamente pelo território brasileiro. Não adota sacrifício de animais e incorpora conceitos do Espiritismo como reencarnação e evolução progressiva.

do esposo e foi numa dessas reuniões que ela recebera algumas informações.

## Cap. XIII - A grande causa

Pela janela do quarto, a luz parecia um tanto difusa. As nuvens no céu e a Lua em quarto crescente não auxiliavam e a escuridão da noite era intensa. As madrugadas faziam com que Fernando se debruçasse sobre a escrivaninha, de modo a devorar a literatura judiciária, em busca da melhor jurisprudência para melhor defender a causa mais importante da sua carreira como causídico.

O processo já tramitava em última instância e, caso perdesse, não havia mais como recorrer. A "Fazenda", havia apelado e agora o processo fora encaminhado para o *Tribunal Superior*[50], o que já era de se esperar, apesar da Cooperativa dos agricultores ter comemorado vitória antecipadamente. A lei atual vigente[51], com a revogação das anteriores por Getúlio Vargas, trouxera melhores diretrizes a todos os trabalhadores, inclusive os rurais, regulamentando a mão de obra agrária e as demais, permitindo estabelecer uma jornada de trabalho mais humana e assegurando ao lavrador direitos que, até então, apenas alguns setores da indústria haviam conseguido, embora muito ainda os legisladores precisassem fazer para erradicar a escravidão

---

[50] Com a Proclamação da República do Brasil, a denominação "Supremo Tribunal Federal" foi adotada na Constituição Provisória publicada com o Decreto nº 510, de 22 de junho de 1890. No prédio localizado na Avenida Rio Branco, nº 241 (Rio de Janeiro), onde funcionou a sede do tribunal de 1909 a 1960.

[51] A CLT foi criada pelo Decreto-Lei nº 5.452, de 1º de maio de 1943, e sancionada pelo presidente Getúlio Vargas, durante o período do Estado Novo. Dois anos antes, em 1941, Getúlio havia assinado a criação da Justiça do Trabalho, no mesmo local e no mesmo dia do ano.

trabalhista, que persistia nos campos agropecuários brasileiros.

Fernando era um advogado notável, realmente se preocupava com seus clientes e sua visão mais espiritualizada da vida permitiu, aos poucos, selecionar suas causas. Com o tempo, com a experiência e também com a melhoria de sua condição econômica, foi estabelecendo uma diretriz em sua carreira e seu escritório foi ficando cada vez mais conhecido.

O casamento, enfim, trouxera-lhe uma segurança emocional, pois Marília era esposa, companheira e conselheira; possuíam afinidade espiritual e, muitas vezes, ela dava-lhe conselhos norteadores, que muito o auxiliavam em sua carreira profissional. Com o tempo, vieram os dois filhos, Amanda e Marcelo, consolidando, por fim, sua estrutura emocional. Afinal, um chefe de família tinha as suas obrigações aumentadas, e qualquer vacilo profissional poderia colocar em risco a estabilidade financeira e estrutural de sua família.

A família de Marília, oriunda da aristocracia, jamais permitiria que ela passasse por necessidades, apesar de seu casamento ter ocorrido a contragosto de seus pais, porque a família de Fernando não tinha nenhuma tradição e, infelizmente, este fato ainda era um peso diante da sociedade. Portanto, Fernando, em seus brios, dava tudo de si, de modo a provar, mesmo que ocultamente para a família dela, que era capaz de sustentá-la com dignidade e retidão. Daí toda a sua energia em cada causa, o seu empenho e a sua dedicação. Este primeiro sentimento foi o motor primário de sua carreira e, com o passar do tempo, sua alma nobre passou a ditar suas escolhas e a melhor selecionar seus clientes.

A Cooperativa Santa Maria cuidava de seiscentos agricultores, que trabalhavam em regime exclusivista para a Fazenda Santa Maria, uma espécie de *holding*,[52] controladora de vários ramos de negócios no Estado de São Paulo, inclusive uma usina de cana-de-açúcar e fertilizantes. Seus donos conduziam-na com mãos de ferro e, através de uma sórdida estratégia, auxiliaram centenas de funcionários a criarem uma espécie de cooperativa de forma meio insipiente, diferentemente de tantas outras existentes, em especial, na Europa em países como Itália, Inglaterra e França.

Assim sendo, supostamente teriam mais ascendência e controle sob os funcionários através dos administradores da Cooperativa, colocando os chamados "laranjas"[53] e subalternos para os auxiliarem, escolhidos por eleições fraudulentas e desonestas, desta forma tinham maior controle das diretrizes da Cooperativa e os lavradores, isto é, os cooperados acabavam por seguir as determinações da

---

[52] A *Holding* é uma estrutura organizacional com a finalidade de administrar um conjunto de empresas. A primeira *holding* foi criada em 1889, nos Estados Unidos, pelo empresário John Rockefeller, com o objetivo de concentrar suas participações societárias. No Brasil, este tipo de organização surgiu oficialmente quase um século depois em 1976, por meio da Lei nº 6.404, também conhecida como Lei das Sociedades Anônimas.

[53] Os termos "laranja" (brasileiro) ou "testa de ferro" designam, na linguagem popular, uma pessoa que intermedeia, voluntária ou involuntariamente, transações financeiras fraudulentas ou ações de má fé com o fim de prejudicar a terceiros.

diretoria, que mais atendiam a *Holding*, do que as necessidades dos próprios cooperados.

Esse esquema perdurou por uns quinze anos, até que um pequeno grupo de agricultores, mais esclarecidos, aos poucos, foi se organizando melhor, conseguindo, nas últimas eleições, eleger-se, passando, então, a mudar as regras do jogo. A política trabalhista implantada por Getúlio, foi um grande impulso para que a nova gestão da Cooperativa batesse de frente com a Fazenda Santa Maria. Neste jogo de forças, o grupo decidiu entrar na justiça contra a Fazenda, ato inimaginável em outros tempos. Afinal quem seria maluco o suficiente para desafiar esta estrutura tão poderosa? Por isso, a princípio, grande parte dos cooperados foi contra a ação judicial e quase não foi levada adiante.

A contenda só aconteceu depois que Fernando, convidado pela diretoria em assembleia geral, expôs a possibilidade de vitória, caso entrassem na justiça. A partir desta reunião, os cooperados, animados com a explanação vibrante e confiante de Fernando, decidiram em assembleia que enfrentariam a "Fazenda" nos tribunais.

O nome de Fernando chegou à presidência da Cooperativa por obra do destino. Carlos Sampaio, o presidente da Cooperativa, já vinha se inteirando, com interesse, a respeito das leis trabalhistas vigentes, ao mesmo tempo em que observava a crise enfrentada pelo país após a Segunda Guerra Mundial, o que deixava a todos preocupados. Carlos iniciara alguns contatos em busca da possibilidade de a "Fazenda" ser acionada juridicamente e para tal conversara com dois advogados que, a princípio, disseram haver uma possibilidade de sucesso, por causa da nova legislação, mas não tinham firmeza suficiente para enfrentar nos tribunais um grupo tão poderoso. Até que um dia, ele leu um artigo no jornal sobre um advogado que costumava pegar causas ditas impossíveis e, através dessa nota, chegou a Fernando.

## Cap. XIV - Obsessão familiar

Naquela época, Amanda contava com quinze primaveras e era a filha mais velha do casal Brandão, a moça demonstrava usual desconexão com a realidade, e muitas vezes, os professores queixavam-se de sua displicência que, por momentos relativamente extensos, parecia estar num mundo distante, em locais outros, fato inconcebível para a compreensão habitual e quando voltava a si, dizia frases de elevada conceituação, mas sem a contextualização momentânea, e isso, para a grande maioria, era uma espécie de disfunção psíquica e os próprios colegas da jovem taxavam-na de maluquinha.

Marília e Fernando estavam muito preocupados com os problemas de Amanda e procuraram por médicos e psicólogos, em busca de explicações para tais ocorrências e quase todos indicavam as tradicionais indisposições psíquicas, como a atual *bipolaridade* e o *transtorno de personalidade*. Fernando, que durante os estudos na faculdade tivera contato com professores espíritas e espiritualistas, já ouvira falar diversas vezes dos fenômenos mediúnicos e dos variados processos mentais que os médiuns apresentam durante o transe.

Contudo, com as preocupações vividas pelas dificuldades profissionais iniciais, o casamento, a rotina, a responsabilidade familiar e agora em especial, a causa mais importante de sua carreira, cujos trâmites legais do julgamento corriam em última instância, havia se afastado definitivamente do contato com a Doutrina Espírita e não parara para dar a devida atenção à sua filha. Na verdade, tivera um breve e fugaz contato com o Espiritismo, quando convidado por seu antigo professor de faculdade e fora visitar, por apenas duas vezes, o centro onde este trabalhava. Achava a Doutrina pertinente e bastante lógica, pois não conseguia admitir os conceitos católicos do céu e do inferno e a justiça divina segundo esta crença, por isso desde a sua juventude, deixara de ir às missas por influência de seus pais.

No entanto, não assumira a crença Espírita como bússola de sua vida, embora fosse amistoso com os seus preceitos. Agora, entretanto, algo em seu íntimo dizia para retomar o contato, em especial, por causa de sua filha e as pressões do trabalho. Certa noite, após coincidentemente ter se encontrado no Fórum com Márcio, colega com quem se formara em Portugal e que frequentava um centro espírita, falou a esposa:

- Querida, tenho minhas dúvidas, se não devemos levar Amanda ao centro espírita que Márcio frequenta, pois me recordo muito bem, lá em Portugal, que o professor José Carvalho costumava-me contar casos muito semelhantes, como o que está ocorrendo com nossa filha. Dizia ele que isto era típico da mediunidade e que quando conhecida e bem orientada é muito benéfica. Amanda passou por diversos médicos e psicólogos, os remédios e os tratamentos não têm de maneira geral lhe auxiliado. Aliás, aquele último remédio recomendado, que resolvemos suspender com a orientação do Dr. Ferdinando, deixava-a completamente apática. Não seria a hora de tentarmos outro tipo de terapia?

- Fernando, meu bem, você sabe muito bem o que as pessoas falam a respeito desta seita. Muitos dizem que as pessoas são manipuladas por demônios. Solange, nossa vizinha, outro dia contou-me que lá em Minas, na cidade do primo dela, há um falso médico que, volta e meia, enfrenta processos judiciais, por exercício ilegal da profissão e que é um verdadeiro charlatão.[54]

- Olha, Marilia, não confie tanto assim no julgamento do povo ignorante. Veja o exemplo de Jesus que foi julgado pelo povo que escolheu crucificá-lo preferindo a Barrabás. No mais, o professor José Carvalho e meu colega Marcio, que avistei esta manhã, são pessoas boníssimas, de caráter ilibado e possuem pensamentos lógicos, objetivos e de bom senso. Isto para mim já é um bom começo. Não há absolutamente nada a ver com demônios ou Satanás, conforme diz a crendice popular. Além do mais, em minha época da faculdade, cheguei a ir duas vezes ao centro do professor e não vi nada estranho ali, nada além de pessoas realizando o bem. Eu é que, por outros motivos, não continuei a frequentar o local. A formatura, a vinda para o Brasil e o início profissional acabaram por me afastar deste caminho. Nunca comentei isto com você, em respeito à sua fé e a tradição de sua família, que

---

[54] **José Pedro de Freitas** (Congonhas do Campo 1921-1971) foi um médium brasileiro de cura. Era conhecido como "José Arigó" ou simplesmente "Zé Arigó".

constantemente estão a auxiliar o Bispo Eleutério. Acredito, minha querida, que a vida está nos indicando este caminho, não faria este sacrifício por sua filha?

- Sim, meu amor, se é para ajudarmos a Amanda e tivermos que frequentar um centro espírita, terei coragem o suficiente para ir.

- Ótimo, querida, buscarei mais informações com o Marcio de como podemos proceder e levaremos nossa filha. Quem sabe não esteja aí o caminho de sua cura. Uma coisa posso lhe afirmar com certeza, mal não lhe fará e me recordo vagamente que as duas vezes que fui ao centro espírita, me senti muito bem.

- Que Deus nos abençoe! - Disse Marília.

## Cap. XV – Reajustando o passado

Passadas duas semanas da última consulta, Amanda ainda não obtivera melhora significativa em seu quadro emocional e psíquico. A situação se agravara, porque agora a insônia persistia e quando advinha o sono, este era recheado de pesadelos. Quase sempre acordava assustada e, aos prantos, gritava pelos pais. Marília, constrangida ao extremo, não sabia mais como conduzir a situação e certa noite disse a Fernando:

- Meu querido, não suporto mais ver a Amanda neste sofrimento, temo que algo mais grave lhe advenha. Quase não mais sai do quarto. Outro dia, Luzia, sua melhor amiga, esteve aqui e ela não quis atendê-la e, se não fosse por minha insistência, a pobre teria ido embora, sem ao menos dar-lhe um abraço. Os remédios só lhe têm feito ficar apática. Se realmente o Espiritismo pode ajudá-la, como seu antigo professor disse, devemos levá-la o mais breve possível. Veja com seu amigo Marcio o que devemos fazer.

- Sim, querida. Em parte, sinto que tenho grande parcela de culpa neste problema, porque tenho negligenciado há muito o meu desenvolvimento espiritual. O trabalho constante e, em especial, a causa da Cooperativa têm consumido todas as minhas forças. Embora, no fundo, saiba que isto não justifica. Muitas vezes me pego pensando, no sentido maior da vida. Tenho vagas lembranças de um passado distante, em que me comprometi com a política e toda vez que isso me vem à mente, sinto um vazio inexplicável, uma sensação de total descompromisso com algo maior que não consigo identificar. Busco na oração um refrigério, mas isto não tem sido o suficiente. Acabo sempre me recordando, do que o professor José Carvalho dizia: *"não basta as boas intenções, é necessário a ação"*. Neste sentido, o que tenho feito pelos desvalidos? A causa que abracei é nobre e sei que ajudará a centenas de trabalhadores humildes e injustiçados, mas, em meu espírito, sinto que isto é pouco. Esta zona de conforto em que me encontro, em verdade, é bastante desconfortável, e quero buscar mais a minha religiosidade interior. Acredito não ser obra do acaso esta piora da Amanda, tudo indica que o momento de buscarmos a espiritualidade para as nossas vidas é agora. Amanhã mesmo falarei com Márcio e todos nós iremos à reunião pública da casa espírita. Não mais tergiversarei.

O diálogo entre o casal encerrava-se naquela hora, deixando no ar eflúvios de otimismo e esperança. Amanda, por sua vez, mostrava-se arredia à ideia de ir a uma casa espírita, quanto mais passar por um tratamento espiritual. Influenciada por entidade infeliz que plasmava, em sua tela mental, quadros de situações ridículas e vexatórias na casa espírita, propiciava desta forma um antagonismo psíquico, de modo a dificultar o trabalho dos pais. E mais que isso, agindo assim, obstava a si mesma a busca de forças interiores, de modo a favorecer sua renovação íntima, o que lhe proporcionaria melhores condições no tratamento espiritual.

Amanda carregava consigo as idiossincrasias e as tendências das pseudo-glórias do passado, onde as posições políticas, conquistadas por seu antigo cônjuge, permitira-lhe vida abastada e despretensiosa. Vivendo no luxo proporcionado pelo poder, pouco fizera pelo próximo na condição e na possibilidade em que se encontrava. Sem dúvidas, não fora mulher de má índole, ao contrário, possuíra em seu coração a generosidade, embora não a tivesse espalhado, de forma suficiente, diante das possibilidades de que era portadora. Assim sendo, naquela época, tivera uma serviçal que viera para sua casa com filhos pequenos, que cresceram e acabaram trabalhando na mesma propriedade, também em afazeres domésticos.

Leôncio, o mais velho, era de índole ambiciosa e toda a oportunidade que tinha, queria tirar vantagens de sua mãe e de sua patroa. Não obstante, a dama aristocrática percebia a índole do rapaz, todavia por sua bela compleição física, tratava-o com certa malícia, sentimento logo percebido pelo rapaz ambicioso e inexperiente. Assim sendo, muitas vezes o rapaz excedia-se em suas atitudes como simples empregado, fato este notado certa feita pelo político, dono da casa, que exigiu a sua imediata dispensa.

Leôncio, de uma hora para outra, estando no olho da rua, revoltou-se e infelizmente passou a andar com más companhias. Logo surgiram as bebidas e os entorpecentes, iniciando-se nos pequenos furtos e roubos. Sua mãe, por diversas vezes, implorava-lhe para ir viver com seu irmão em cidade próxima, de modo a afastar-se dali. Mas isto de nada adiantou, e sua revolta crescia, pois via na sua ex-patroa, a culpada de sua desdita e, em sua mente, achava que se tivesse dinheiro, poderia jogar em sua cara todo o mal que lhe causara, quando brincou com seus sentimentos.

Infelizmente, certa noite, Leôncio foi surpreendido furtando uma residência e levou um tiro do proprietário, que o flagrara dentro do local. Leôncio desencarnou de forma violenta e chegou ao plano espiritual com esta animosidade viva em sua alma, até descobrir na jovem Amanda, a velha patroa de outrora, passando então a obsedá-la, cobrando-lhe o passado.

A vida revela, em todos os seus aspectos, as leis sábias do Criador. Nenhuma vírgula ou ponto é ignorado e todos nós revivemos, em nossa caminhada, as sementes plantadas de outrora a traduzir-se, atualmente, nos frutos amargos ou doces que colhemos na estrada. *A cada um, segundo as suas obras* não é retórica didática empregada por Jesus, a fim de enaltecer uma lição, em verdade, é dinamismo vivo e direto das leis que regem o universo, por isso, queixar-se dos problemas que enfrentamos, no fundo, é repetir o erro, agora sob nova roupagem.

A mediunidade da Amanda, até então desapercebida por si mesma, carregava consigo dupla finalidade: a de lhe permitir que sentisse mais intensamente o fruto de suas próprias criações mentais, decorrente de seus atos, colhendo de terceiros a recíproca e, ao mesmo tempo, permitir-lhe, através das potencialidades ampliadas de seu campo sensório, identificar mais facilmente os sofrimentos alheios, destarte permitindo-lhe auxiliar os que necessitavam de forma direta, dando-lhe as mesmas oportunidades que perdera outrora pela postergação e negligência. A mediunidade é uma bênção que Deus oferta-nos, para podermos, mais rapidamente, espalhar em nosso entorno a paz, a fraternidade, o consolo, a esperança e o otimismo, enfim, o Evangelho de Jesus, de modo a fazermos ao próximo, aquilo que queremos que a nós seja feito.

## Cap. XVI - A grande decepção

O tão esperado dia do último recurso impetrado pelos advogados de defesa da Fazenda Santa Maria havia chegado. Fernando estava extremamente nervoso e convidara o amigo Márcio para o auxiliar na mais importante causa até então trabalhada. A audiência era na capital, por isso, desde a véspera, hospedara-se em pequeno hotel próximo ao fórum, onde lia, relia e realizava os últimos apontamentos para o dia seguinte.

Nesta noite, não conseguira conciliar o sono, passava em sua tela mental toda a sua trajetória até ali vivida: a sua infância pobre; os esforços para estudar; a conquista da bolsa e a ajuda dos amigos de modo a estudar no exterior; a Universidade de Coimbra e os esforços para manter-se focado; os grandes mestres que tivera, em especial, o professor José Carvalho com suas explicações lógicas e sensatas; a volta para o Brasil; a paixão por Marília, seu noivado desfeito e o esforço que fizera para reconquistá-la; a chegada dos filhos Amanda e Marcelo, os problemas obsessivos de Amanda e, por fim, a volta à Doutrina Espírita.

Passava um filme na memória viva de sua alma, pois, apesar de ter ganho a causa em primeira instância, não havia garantias do mesmo resultado na instância superior. A cabeça de magistrado é sempre uma caixinha de surpresas e as leis possuem meandros complexos. Afinal tudo era possível.

Marcio, percebendo o seu nervosismo instantes antes de iniciar o plenário, disse-lhe:

- Lembre-se, Fernando, você fez tudo o que estava a seu alcance. De sua parte, encaminhou a condução do caso com primor, por isso mantenha-se calmo para a última sustentação. Sei que a fará magistralmente, todavia o resultado de hoje dependerá das forças ocultas que zelam por nossas vidas e, sejam quais forem elas, sua consciência deve estar tranquila.

- Tem razão, Márcio. Muitas vezes no automatismo de nossas mentes, esquecemos que há, por trás de nossas vidas, um comando superior, que sabe o que é melhor para nós e vela pelo nosso bem. Desde que voltei a frequentar o G.E.C. (Grupo de Espíritas Cristãos), tenho refletido sobre todas essas coisas. Na última reunião mediúnica, o espírito guia disse várias coisas, mas parte da mensagem senti que era direcionada para mim, quando se referiu à justiça dos homens e à justiça de Deus. Refletindo mais profundamente ao retornar para casa, compreendi que, mesmo que a justiça dos homens seja falha ou obtusa, a divina jamais o é. Estou preparado para qualquer veredicto nesta tarde. Obrigado, meu amigo e irmão...

Assim Fernando terminava a breve conversa com Márcio, enquanto entravam os juízes no recinto. Todos de pé, cumprimentaram os magistrados, para, em instantes, iniciar a audiência. Em verdade, foi uma longa sessão com a leitura dos autos, acrescido as sustentações orais de ambas as partes, a oitiva de testemunhas e, após seis horas de plenário, os votos dos desembargadores foram de dois a um, em favor da Fazenda Santa Maria, de forma a deixar os representantes legais da Cooperativa e Fernando arrasados.

Segundo o arrazoado dos desembargadores, os embargos impetrados não justificavam a propositura processual, indeferindo assim os pedidos de reajustes salariais e as quebras e multas contratuais impostas à Fazenda, portanto a Cooperativa, que representava os trabalhadores, não teria direito algum sobre o montante proposto no processo e ainda seria obrigada a pagar as multas processuais em favor da Fazenda Santa Maria, inclusas as perdas e danos pelas horas das greves. Em suma, um desastre total para os bolsos de centenas de trabalhadores, que anelavam melhores padrões salariais e recursos extras advindos da ação. Muitos, infelizmente, já haviam gastado por conta, antes mesmo de ganharem em Instância final.

Em diversas situações de nosso viver, somos induzidos a conviver com perdas e aparentes injustiças, estabelecendo, em nossas vidas materiais, significativos prejuízos, que, a princípio, constituem-se verdadeiros decretos de ruína, mas que, com o passar das horas, dos dias e dos meses, transformam-se em instrumentos de profundas modificações. Tais eventos, obrigam-nos, invariavelmente, a mudanças radicais no rumo de nossos pensamentos, comportamentos e atitudes. Os paradigmas que se estabelecem, naturalmente, criam novos protótipos de encarar a vida, moldando nosso cotidiano a rotinas renovadoras que, a médio e longo prazo, consolidam, em nossa alma, crescimento e evolução espiritual.

Entender, aceitar e seguir em frente faz toda a diferença, pois diante do inevitável, a resignação cria potenciais dinâmicos que geram, em nosso íntimo, fluxo de forças para seguir em frente com coragem e determinação, advindo *a posteriori* as ações renovadoras. Destarte, todas as aparentes desgraças, calamidades e desajustes sociais carregam consigo sacrossantos objetivos, que ocorrem pela lei do Progresso, a visar, exclusivamente, ao crescimento espiritual individual e coletivo. Toda criatura, por mais ínfima que seja, sempre estará inserida nesta lei, assim sendo, muitas vezes a justiça dos homens, promovendo o escândalo, atua sem saber sob a égide Divina, que agencia, aqui e acolá, os resgates necessários para que possamos estar quites para com a lei. Uma vez quitada, a criatura estará livre para nova semeadura, agora mais preparada e consciente, reajustando-se naturalmente, de modo a fazer ao próximo aquilo que para si deseja.

Após uma semana da fatídica audiência, Fernando encarava nova reunião na Cooperativa, de forma a apresentar aos cooperados os futuros passos. Em um clima pesado e hostil, iniciou calmamente a sua preleção.

No turbilhão das emoções que Fernando vivenciava, após a perda da causa mais importante de sua vida, via-se em um beco sem saída, afinal tantos anos na luta pela justiça, justiça dos homens, diga-se de passagem, pois sabia haver uma superior, a de Deus. Mas como conciliá-las nos atos de sua vida?

Como aquilatar seu peso, e, mais que isso, a sua aplicabilidade? Sentia, no íntimo de sua alma, a perda da causa. Eram centenas de famílias, que lutavam pelos direitos básicos da alimentação, da moradia e da educação e apenas um pequeno grupo era privilegiado em detrimento a tantos. Como entender tal situação?

Estas questões ainda não fechavam em sua parca compreensão sobre os desígnios maiores. Apesar de ter voltado a frequentar o centro espírita e reiniciar os estudos e estando muito envolvido profissionalmente, não conseguia pairar acima das aparências e penetrar no âmago da situação. Abatera-se de forma intensa, e, preocupado com os problemas de Amanda, começara a viver uma crise existencial, até o dia em que, numa das reuniões mediúnicas que começara a frequentar, ouviu de viva voz, a admoestação de um espírito:

*- Por que recalcitrais contra o aguilhão, querido irmão? Por que procrastinais, quando as lutas só estão começando? Por que desperdiçais tempo útil nas queixas sem sentido? Lembrai-vos que nossas vidas, são regidas por forças maiores, que nos induzem ao bem, mesmo que para isso, advenha sofrimento e dor. Ninguém sofre inadvertidamente, e ninguém colhe aquilo que não semeou. Nosso Pai Celeste ama a todas as suas criaturas de maneira equânime, portanto as aparentes injustiças, em verdade, são o recolhimento das ações pretéritas, na justa pauta da lei divina. Entender tal mecanismo, é antes de tudo, prosseguir firme nos propósitos a que somos convocados a executar. Muito trabalho ainda*

*vos aguarda. Lembrai-vos sempre que todo ato bom cobre uma legião de pecados, como disse, outrora, o apóstolo Pedro.*

Terminada a pequena preleção, Fernando, com os olhos úmidos, sentira, no fundo da alma, que havia entrado num labirinto perigoso de revolta e rancor sem sentido. Aquela admoestação servira-lhe como um farol a iluminar a estrada sombria, pela qual estava caminhando inadvertidamente. Pensava só em si, apenas enxergando seu insucesso profissional, o futuro de sua carreira e as eventuais críticas que receberia de seus clientes. Esquecera que nada ocorre ao acaso e também esquecera as palavras que seu amigo Márcio lhe dissera antes da audiência, que sua parte havia sido feita e que se algo saísse diferente, isso pertenceria ao destino.

O advogado voltou para sua casa mais tranquilo e uma sensação de alívio invadira seu espírito. Sentia-se mais reintegrado ao equilíbrio das coisas. Contara todo o ocorrido a Marília, que o ouvira atentamente e, emocionada, assim lhe falou:

- Precisamos confiar mais na Espiritualidade. Depois que passei a frequentar as reuniões espíritas junto a você, tenho me sentido mais confiante, procurando manter a fé. Tenho certeza de que Amanda vai recuperar a sua normalidade e que teremos maior tranquilidade em nosso ambiente doméstico. Quanto a você, amado esposo, mais uma vez teve o exemplo da ação do bem sobre seus passos. Confie mais e s mantenha vigilante, afinal não é você que, volta e meia, me pede para orar e vigiar?

Falando assim em tom amistoso e jovial, Marília descontraía o ambiente, encerrando o colóquio do casal, sentindo, na alma, os auspícios de uma nova fase em suas vidas.

Passados alguns meses do ocorrido, Amanda finalmente aceitara, de boa mente, frequentar as reuniões, em especial, uma destinada à juventude, que Márcio esforçara-se muito para iniciar naquela bendita instituição. O dirigente, atento às necessidades prementes da casa, propôs em reunião de diretoria, o início daquele trabalho tão importante para a Juventude Espírita.

## Cap. XVII - Casa espírita – Hospital de almas

Em verdade, os trabalhos com a Mocidade representam a continuação dos esforços do presente, que, ao mesmo tempo, criam bases de sustentação práticas e doutrinárias aos jovens, os futuros dirigentes. Marcio havia notado a frequência esporádica dos mesmos e percebeu a necessidade de um apelo e incentivo maiores, para o comparcimento e permanência destes jovens na casa espírita. Influenciado por seu mentor, contatou Albano, um rapaz de vinte e cinco anos, que frequentava as reuniões há mais de três anos de forma regular e assídua. Chamando-o a um canto, expôs-lhe a ideia de iniciar um trabalho com a juventude, pois muitas vezes ouvira-o tocar violão, instrumento que dominava com muita facilidade e pela sua extroversão e facilidade de comunicação, seria a pessoa ideal para a condução do grupo.

Albano ouvira atentamente o projeto de Marcio, envolto por fluidos benéficos e balsamizantes, que recebia por parte dos mentores da casa e se identificara com o mesmo, animando-se com o novo desafio proposto. Os dois, em efusiva conversação, passaram a delinear a futura atividade e, em poucos dias, já anunciavam, no prólogo das palestras, o seu início, angariando aqui e ali os futuros participantes. Iniciada as atividades, logo Amanda e Marcelo, filhos de Fernando e Marília, começaram a participar. Marcelo, a princípio, vinha a contragosto pela imposição dos pais, mas, aos poucos, começara a se interessar, principalmente por causa de uma bela moça, que conhecera em uma das reuniões, e isso fez com que mudasse sua maneira e disposição de frequentar os encontros.

Já Amanda, desde o começo, interessara-se, pois por sua sensibilidade aflorada conseguia captar as energias benfazejas, provenientes das reuniões, em especial, das músicas que Albano executava, muitas vezes, acompanhada por sua voz, formando um dueto para as belas composições. Aliado ao tratamento espiritual, ela recebia energias positivas, na convivência salutar com o grupo e, aos poucos, o seu obsessor também foi sendo beneficiado.

Leôncio, o antigo filho da empregada, foi sendo envolvido pelas energias salutares das reuniões da juventude, onde tinha livre acesso concedido pelos dirigentes espirituais da instituição, que ao invés de proibir sua entrada, permitiam-na de forma a beneficiá-lo, sem que percebesse. Aos poucos, Leôncio foi quebrando aquela monoideia do passado, até o momento oportuno, em que se viu ligado a um grupo de encarnados, sentados a uma mesa.

A princípio, pensou tratar-se de uma armadilha, no entanto, com a emissão de forças salutares em sua direção e a oportunidade de receber esclarecimento de uma forma inusitada, que até então não havia recebido, pôde efetivamente raciocinar, de forma clara e objetiva, a real propositura de estar na companhia de Amanda. As palavras chegavam-lhe aos ouvidos, repletas de uma energia diferente, que penetravam profundamente em sua consciência. Conseguia agora, com mais lucidez, raciocinar sem a máscara do ódio e da mágoa, sentindo no fundo do coração, que estava cansado de ficar ao lado da jovem cobrando-lhe reparações. Começava a vibrar em sua alma o desejo de seguir em frente, percebia, mais claramente, a sua condição de espírito liberto e o que poderia doravante realizar nesta condição.

Leôncio recebia amorosamente o convite por parte dos trabalhadores espirituais da casa, para acompanhá-los para uma nova morada, repleta de oportunidades de aprendizados. Com a mudança de vibração, pôde sentir e enxergar a presença carinhosa da mãe, que viera especialmente acolhê-lo, que a um sinal apropriado do dirigente da reunião, aproximou-se do filho querido e lhe disse no tom mais doce e maternal que há muito tempo o rapaz não ouvia:

- Leôncio, filho do meu coração. Chega de sofrer, é hora de prosseguir rumo à felicidade. Meu amor para contigo é incondicional, venha comigo para uma nova vida.

A voz e a visão repentina de sua mãe abalaram todas as estruturas psíquicas mais intimas daquele obsessor obstinado que, aos poucos, fora dissolvendo anos e anos de mágoa e ódio, diluindo os últimos resquícios daqueles sentimentos inferiores e, em pranto convulso, Leôncio atirou-se nos braços maternos dizendo:

- Minha mãe, minha mãe.... Há quanto tempo não sentia essa emoção. Ajuda-me, mãe. Leve-me com você. Estou cansado, estou cansado....

A voz não mais saía do peito opresso e ambos, nimbados de doce luz, saíram daquela benfazeja reunião que, para olhos e ouvidos dos encarnados fora apenas mais um trabalho mediúnico bem executado, mas, para os olhos do Espírito imortal fora o reencontro de almas a se reajustarem perante as leis do Altíssimo.

## Cap. XVIII - Resgatando dívidas

Voltando a narrativa de Pedro,..

Não obstante ainda apresentasse quadros de desajustes psíquicos, devido aos pensamentos de revolta e de injustiça, prosseguia firme no trabalho da mineradora, deixando, em segundo plano, as atividades sindicais. Enquanto isso, Olga, sua esposa, junto de sua prima buscavam no culto da Umbanda o suporte para os problemas que enfrentavam e foi numa destas reuniões que ouvira da entidade, que se apresentava como preto velho, a seguinte admoestação:

*- Tempos outros, minha filha, teu marido atraiu para si muitos inimigos e inimizades. Empunhou armas e fez prisioneiros, por isso, o seu carma é carregado de desafios e dores. Você tem lhe acompanhado os passos do passado e também tem a sua parcela de responsabilidade. Agora, trabalhe para diminuir o peso das respostas da vida. Ore filha, ore muito e ameniza as dores daqueles que Deus lhe permitiu estar por perto. As coisas vão piorar por hora, para mais tarde melhorar, confia em Deus e segue o caminho do bem.*

Assim, a entidade encerrava a particular conversação com a esposa do ex-militar, renovando-lhe as energias e lhe incutindo a confiança nas forças do bem. Lembremos que a Luz age em todos os lugares onde haja boa vontade e que todas as criaturas do universo estão mergulhadas no influxo misericordioso do Pai Celeste. Olga, frequentando regularmente as reuniões da Umbanda, fortalecia-se e, ao mesmo tempo, ganhava em tolerância e paciência, de modo a amparar as idiossincrasias de Pedro e o seu constante mau humor.

Ultimamente, começara a chegar mais tarde do serviço, porque, sintonizado com irmãos de baixa vibração, em razão de sua revolta, parava em um pequeno bar, não muito distante de sua casa, passando a bebericar alguns alcoólicos, para depois demandar-se ao lar. Toda vez que isso acontecia, Olga, contrariada, discutia com o esposo, aumentando ainda mais o sentimento ruim que o mesmo albergava em seu peito, até determinado acontecimento ocorrer em seu trabalho.

Pedro realizava, na mineradora, trabalhos mais voltados à manutenção do maquinário e a usinagem de peças, pois sua formação técnica proporcionou-lhe condições neste sentido, chegando a posição de encarregado operacional. Naquela manhã, Veloso, o operador da britadeira volante, faltara devido a problemas de saúde, e Armando, o outro operador, que às vezes o substituía, fora escalado para ir a uma cidade mais próxima, de modo a buscar peças de reposição. Pedro, que conhecia a operação do maquinário, propôs à supervisão substituí-lo provisoriamente, desta forma manteriam a cota do resíduo mineral, não prejudicando a produção diária.

Aceita a sugestão, Pedro assumiu a operação da máquina, iniciando a britagem de pequena adjacência da galeria que estava sendo trabalhada. Desacostumado com a cadência do trabalho, na ânsia de aumentar o ritmo da produção, movimentou o equipamento de forma perigosa, provocando o desabamento de uma parte da galeria, que acabou por atingir o equipamento e, infelizmente, esmagou parte de sua perna.

Acionada a sirene de emergência, todas as equipes de segurança foram ativadas, a fim de retirar Pedro o mais rápido possível do local, conduzindo-o para o hospital mais próximo. Recebido na emergência, em quadro grave, logo a equipe médica optara pela amputação da perna até a altura do joelho, a única forma de salvar-lhe a vida, porque o quadro de choque já havia se instalado.

Após seis horas de cirurgia, Pedro sairá do quadro grave e fora transferido para a enfermaria, onde fora despertando aos poucos e recobrando a lucidez. Fora, então, informado do procedimento cirúrgico e a amputação de sua perna.

A informação, num primeiro momento, trouxe-lhe mais revolta e tristeza. Mas, com o passar dos dias, o carinho da esposa, as visitas dos amigos e a assistência do plano espiritual, que se fazia cada vez mais intensa em sua casa, Pedro foi se acalmando e aceitando a situação e, aos poucos, foi se resignando e removendo de si os maus pensamentos.

O ambiente hospitalar, a ação dos remédios, as preces dos familiares e dos amigos contribuem, na grande maioria das vezes, para o afastamento dos obsessores, que não mais encontrando na vítima o padrão vibratório acessível às investidas, afastam-se, a fim de reorganizarem novas táticas às futuras investidas. O obsidiado, por sua vez, sentindo a mudança do quadro psíquico, passa a vibrar em circuito de onda superior, permitindo ser acessado agora, pela Espiritualidade amiga, absorvendo fluidos benéficos e renovadores. Doravante, tem o obsidiado o livre-arbítrio de mudar o rumo de sua vida, trabalhando na direção e na manutenção do novo padrão, ou retomando os quadros anteriores, reacendendo a chama dos maus pensamentos, e permitindo reatar-se às antigas conexões.

A passagem da casa varrida e limpa, que o antigo obsessor encontra e busca reforços para retomar a carga, aludida por Jesus no Evangelho[55], representa o cuidado e a observância que temos que ter, em nosso quadro mental, quando aparentemente tudo está certo, após as crises. O afastamento dos obsessores, devido ao acidente e às decorrências dele advindas, trouxe a Pedro um momento de paz e serenidade, para que, doravante, adquirisse nova conduta e postura mental, pois, caso retomasse a invigilância, permitiria a recidiva de forma mais contumaz. Nesse sentido, os cuidados de Olga e o auxílio que recebia da organização religiosa que frequentava foram fundamentais para que Pedro não recaísse em situação pior, a refletir-se em mágoas, recalques, depressões e suicídio.

A empresa, a princípio, não quisera responsabilizar-se com indenizações e as demais assistências necessárias para a tranquilidade futura de Pedro e de sua família, por isso, o sindicato tivera papel fundamental, acionando juridicamente a empresa, que, por decisão judicial, tivera que arcar

---

[55] Mateus 12,43.

com todos os custos do tratamento, além da aposentadoria e indenizações extras que conseguira nesse caso específico. Desta forma, Pedro aposentara-se antes do tempo e deveria, doravante, trabalhar sua mente de forma a sentir-se útil com alguma outra atividade, em que suas possibilidades físicas assim lhe permitissem. Estando agora com o tempo mais disponível, fora convidado pela esposa a comparecer em uma das reuniões que frequentava, na intenção, quem sabe, de interessar-se e assim ficou a pensar.

## Cap. XIX - Dobrando a cerviz

O duelo de palavras, as contendas e as discussões improfícuas carregam consigo potencial destruidor e antagônico à concórdia e ao equilíbrio ditados por Jesus. Neste sentido, as discussões políticas são portadoras de maior potencial destrutivo, pois as ideologias podem assumir proporções superlativas, quando não apresentam o lastro da fraternidade e da caridade. Em linhas gerais, os homens, ainda deficientes de bagagem moral elevada, tentam, na retórica ideológica, suprir aquilo que lhes faltam no coração e, na tentativa frustrada de imporem ao próximo a sua pretensa virtuosidade, permitem-se, quando perquiridos contrariamente, extravasarem a sua própria inferioridade, às vezes, ao extremo. Quantos debates políticos acabaram em tristes episódios de barbárie! Lembremos, pois, sempre de Barrabás, que politicamente agia sobre o véu dos zelotes[56], sendo escolhido pela turba em desalinho, que o preferiram a Jesus.

Fernando, frequentemente, entrava em questionamentos e discussões políticas que lhe faziam muito mal, quando reunia-se com amigos e, despretensiosamente, sentavam-se em uma mesa de bar para conversas triviais, inevitavelmente acabavam na política. Apesar de conhecer a Doutrina Espírita e

---

[56] O termo zelota ou zelote (do grego antigo, "imitador", "admirador zeloso" ou "seguidor"), significa literalmente alguém que zela pelo nome de Deus. A sua origem prende-se ao movimento político-judaico do século I, que incitou o povo da Judeia a rebelar-se contra o Império Romano e expulsar os romanos pela força das armas, o que levou à primeira guerra judaico-romana (66–70).

frequentar as reuniões mediúnicas, permitia-se a tais atitudes nas rodas sociais e nas conversas de botequim. Nestas ocasiões, muitas vezes, retornava ao lar com dores de cabeça e atmosfera psíquica carregada, não identificando *a priori*, tratar-se das emanações de ordem inferior, que absorvia nestas pequenas reuniões, em ambientes públicos, as diretrizes controversas das conversações ensejadas.

Devemos recordar que as energias sutis, produzidas pelo pensamento, tendem a ser absorvidas pelos centros de força correspondentes em nosso veículo sutil, a reverberar no corpo denso, em especial, naqueles que trazem no físico certos ascendentes mediúnicos de maior sensibilidade. Assim, Fernando, sem perceber, era o artífice de suas próprias mazelas psíquicas. Amanda, também médium sensível, muitas vezes absorvia por reverberação, as emanações carregadas pelo pai, percebendo, em especial, determinadas companhias espirituais que se simpatizavam com estas conversações e o acompanhavam até a sua residência. Assim pai e filha acabavam se desentendendo, criando aqui e ali uma rusga contribuindo para um clima familiar desfavorável.

Marília também não gostava quando Fernando se encontrava com estes amigos, a fim de conversarem sobre política. Intimamente, sentia que o esposo não sabia ponderar determinadas posturas políticas, o que, de certa forma, deixava-o muito exaltado. Por não querer causar melindres, procurava evitar qualquer discussão neste sentido, mas ficava triste, quando percebia o clima ruim que pai e filha criavam às vezes. Certa noite, aconselhara o esposo, de forma sutil, para evitar suscetibilidades, a buscar um atendimento fraterno no centro. A princípio, Fernando não dera muito valor a sugestão da esposa, mas devido à sua insistência disse sim, para findar o constrangimento:

- Vou procurar o Márcio e conversar a esse respeito, embora não ache isto nada demais, afinal a política é o motor da sociedade, tudo gira em torno dela. Um ser "apolítico" é um ignorante do seu próprio papel na coletividade.

Marília, para não contrariar o esposo e não prolongar o clima negativo, retorquiu:

- Conversar com o Márcio mal nenhum lhe fará, afinal não é você que gosta de conversar? O atendimento fraterno também é uma forma de conversa, não?

E, assim, o casal terminara aquela conversação e foram se deitar.

Naquela noite, Fernando teve um sonho um tanto estranho. Via-se cavalgando junto com alguns militares em direção a um prédio governamental e conseguia perceber claramente, no semblante daqueles que o acompanhavam, muita apreensão e nervosismo, assim como ele mesmo. Na sequência, vê-se em um gabinete cercado de papéis, a despachar com alguns assistentes. Todavia, o que mais lhe chamava a atenção era a tristeza que isso lhe causava, como se tudo aquilo fosse para ele um tremendo sacrifício e uma grande ilusão. Acordou sobressaltado e confuso. Foi à cozinha para buscar um copo d'água e tentou relembrar ao máximo, em sua tela mental, a experiência onírica de há pouco e, diante deste fato, decidiu buscar o atendimento com o colega Márcio. Quem sabe estivesse realmente exagerando em algo que não podia aquilatar ainda? E assim voltara a dormir, tendo muita dificuldade em conciliar o sono naquela noite.

Quão difícil é para a criatura eterna demover de si os atavismos que a condicionaram por séculos e séculos, criando no automatismo do ser, a sua *"personalidade espiritual"*. Desta luta, o Espírito Imortal só sai vitorioso, quando impõe a si o império da disciplina no mais rigoroso intento. A propositura secundada pela conduta reta, focada e disciplinada, é capaz então de alijar da tessitura profunda da alma, as impregnações acondicionadas, como a luz na chapa fotográfica. Tal movimento é libertador e, ao mesmo tempo, desagregador das ideologias, manias, sentimentos e sensações, que um dia alimentaram as condutas e os ditames do ser imortal. Vencer esta ou aquela má tendência é tarefa árdua, que premia o vencedor, levando-o a novo estado d'alma, em que seus padrões vibracionais, doravante, acionam-se de modo superior, tendo como resultantes estados mais felizes.

Fernando trazia, em sua tessitura espiritual, as impregnações da política mundana, que impõem os valores ditados pelo homem. Todavia, começava a aprender aquela que deve voltar-se ao Espírito imortal. Vivia dentro de si, o drama, que a humanidade como um todo, vivencia: Deus ou Mamon? Jesus ou Barrabás? Matéria ou Espírito? Neste sentido, muita conquista já havia logrado, pois já acalentava em seu coração, sentimentos mais nobres. Havia debelado a ambição, a corrupção, a ignomínia e também outras más tendências, embora, travasse árduas batalhas interiores.

Sua alma vivenciava dicotomias sensíveis, em particular no campo da política, o que, de alguma forma, incomodava-o. Passado algum tempo após a conversa com a esposa, decidira realizar o atendimento fraterno no centro espírita a que pertencia, no intuito de receber alguma orientação espiritual para o momento tão delicado pelo qual estava passando. No campo profissional, vivia ainda as consequências da perda da grande causa da Cooperativa e isso abalara a sua autoestima, passando a refletir no ambiente profissional, induzindo a uma queda de clientela e, consequentemente, a sua renda mensal. Existiam, também, problemas de relacionamento com sua filha mais velha, cuja sensibilidade mediúnica, pouco orientada e adestrada, tornava-se pivô da ação de espíritos oportunistas, com objetivo de prejudicar pai e filha, em cujo passado espiritual, carregavam pendências emocionais de vulto. Além disso, possuía uma compulsão de estar nas rodas sociais, a tratar de assuntos políticos que, muitas vezes, o retiravam do equilíbrio. Enfim, colocar para fora tais assuntos, talvez lhe fizesse muito bem.

O atendimento fraterno na casa espírita, em ambiente salutar, sob a responsabilidade de um trabalhador capacitado, promove ao assistido sensível renovação de ideias e. consequentemente, mudanças de paisagem mental, desde que este, por sua vez, esteja sensivelmente aberto a esta renovação, pois, o fato do assistido abrir seu coração e verbalizar suas angústias, muitas vezes, acrescidas de sincera emoção, promovem uma espécie de desintoxicação fluido-energética, dando a oportunidade da transubstanciação destas energias a patamares mais elevados. Este mecanismo desanuvia os núcleos encefálicos, responsáveis pela organização das ideias, capacitando-os a novas condicionantes.

Fernando, enfim, abrira o seu coração com o colega Márcio, que, intuído pela Espiritualidade amiga, exortou o companheiro ao otimismo e à disciplina mental, que a vida nos cobra diariamente. Sob o influxo da Espiritualidade de Luz, Fernando passou a vislumbrar novos objetivos a serem alcançados, passara a compreender também, que de sua parte, deveria esforçar-se em desenvolver as qualidades da alma imortal em detrimento ao homem efêmero. O *"Buscai primeiro o Reino de Deus e sua justiça e todas as coisas vos serão acrescentadas"*[57], naquele momento, adquiriu maior importância em suas reflexões. Passou a perceber que precisava dedicar-se mais às questões espirituais, porque isto o fortaleceria para trabalhar as materiais.

Uma onda de otimismo invadira o seu ser, sob o influxo de fluidos superiores a envolvê-lo naquele momento, passando a traçar em sua mente, planos de reconstrução interior e estudar os princípios doutrinários e agir no bem nunca lhe pareceram tão importantes. Conseguia, agora, visualizar um futuro, o

---

[57] Mateus 6,33.

que lhe trouxe uma felicidade que não sentia há muito tempo. Ultimamente, a sua alegria resumia-se as horas de convívio com Marília, companheira com a qual muito se identificava, e nela se apoiava de modo a não se desvanecer.

A partir daquele dia, muitas coisas foram mudando em sua mente. O tratamento espiritual aliado aos estudos, juntamente à realização dos trabalhos assistenciais que a casa oferecia permitiram a Fernando criar uma rotina mais harmoniosa e equilibrante. Os estudos à noite e os trabalhos sociais, aos quais se engajara nos fins de semana, passaram a preencher melhor o seu tempo útil, consequentemente, levando-o a diminuir as rodas de conversa nos bares e os encontros com os "velhos amigos", quebrando assim, inicialmente, os antigos clichês psíquicos catalisados em sua psique e este fato passou a fazer toda a diferença em sua vida.

Toda tarefa denota ao tarefeiro disposição, coragem e determinação. A conquista de quaisquer objetivos compreende movimentação, método e disciplina, portanto Fernando, para despojar-se de suas velhas tendências, obrigara-se a trabalhar de forma assídua e metódica, a fim de demover de si, as práticas antigas da indisciplina e da emotividade volátil. Quando o apóstolo Tiago pediu-nos para visitarmos os órfãos e as viúvas em suas tribulações,[58] ensinou-nos muito mais que a disponibilidade para amenizar a dor alheia nas ações sócio-caritativas, revelou-nos   a chave para nos equilibrarmos

---

[58] Tiago 1,27.

psiquicamente. Quando auxiliamos a outrem em suas necessidades, promovemos em nós mesmos, a assepsia fluido-magnética, a transmutar padrões vibracionais inferiores em nova ordem vibracional. Disso resulta bem-estar e motivação.

Ao frequentar com constância e perseverança as tarefas mediúnicas e sociais da casa espírita, Fernando fora gradativamente fortalecendo-se, mesmo diante das dificuldades financeiras que seu escritório vivenciava. Não mais se deixava deprimir, pois havia conquistado uma confiança sólida no futuro. Sua relação com Amanda também melhorara substancialmente. Bem certo que sua filha mais velha também, com a participação no grupo da Mocidade, com o desenvolvimento das aptidões artísticas e mediúnicas, mudou seu padrão vibratório, permitindo-se melhores conexões espirituais e consequentemente, no lar, batia menos de frente com o pai, procurando ser mais cordata e solícita nas tarefas de casa.

Marília também notara a transformação de ambos, o que foi para ela motivo de alegria e reconhecimento da ação da Espiritualidade sobre os homens. De tradição católica, teve muitas dificuldades para aceitar a crença espírita e não fosse a doença de Amanda, as constantes discussões em que Fernando envolvia-se, a sua depressão oriunda da perda da causa da Cooperativa e os incentivos e testemunhos do amigo Márcio, jamais teria se permitido conhecer a Doutrina e, mais que isso, engajar-se como trabalhadora nas atividades que a casa oferecia. O fato é que, de maneira geral, a família crescera espiritualmente, após as crises que sobre ela abateram-se.

Nem sempre o ser humano associa a dor e o sofrimento como lições e aprendizado divino, ao contrário, para a maioria a queixa e a revolta assumem proporções preocupantes, dificultando ainda mais as reflexões e as tomadas de decisão precisas e necessárias. Quando Jesus disse que *quando o filho pede pão, o pai não lhe dá pedras*[59], ensinou-nos que a petição infantil em pedir pão, representa o nosso cotidiano, o qual enfrentamos diariamente para o nosso crescimento espiritual e o fato do pai não nos dar pedras, significa que a Providência divina está sempre nos oferecendo as melhores condições e resultantes, mesmo que estas se apresentem, em forma de dificuldades e sofrimentos, carregando consigo os elementos necessários para o nosso despertamento e crescimento espiritual.

Assim como a cova fria e escura representa, num primeiro momento, um ambiente hostil à semente, esta experiência produzir-lhe-á as condições futuras, de germinação, crescimento e produção de frutos. O tempo para a família Brandão foi passando e tudo foi se encaminhando.

Amanda resolvera seguir a carreira do pai e Marcelo, o caçula, seguir Medicina. Terminados os estudos, Amanda fora trabalhar no escritório paterno e Marcelo fora fazer residência em São Paulo, capital. Fernando, aos poucos, foi se afastando do controle

---

[59] Mateus 7,9.

administrativo do escritório, deixando que Amanda fosse, gradativamente, assumindo esta responsabilidade. Marcelo conhecera na residência em São Paulo, a Doutora Clara, com quem, em pouco tempo, noivara e, posteriormente, casara-se.

Agora, com mais tempo e menos preocupações de ordem material, Fernando e Marília começaram a se dedicar mais às atividades da casa espírita consolidando no casal, sentimentos de paz e felicidade. Havia, no entanto, uma leve apreensão, pelo fato de Amanda ter ultrapassado trinta e duas primaveras e ainda estar solteira. Dizia ela que, no momento, estava focada na carreira profissional e que não pensava em assuntos desta natureza, o que muito preocupava Marília, enquanto Fernando parecia não se importar com este fato.

## Cap. XX – O Caboclo das sete flechas

Pedro agora vivenciava nova fase em sua vida, após o grave acidente em que tivera a perna amputada e a aposentadoria precoce. Acalentava uma dualidade interior de difícil resolução, pois por ora, aceitava de boa mente a contingência das coisas e passava horas na varanda de sua casa, contemplando os pequenos arbustos e algumas árvores frutíferas que havia plantado. Vez ou outra levantava com dificuldade e jogava um punhado de grãos de milho para algumas dezenas de galinhas que possuía no quintal, mas, muitas vezes, ao contemplar o entardecer, entristecia-se, advindo-lhe pensamentos lúgubres.

Pensava ser imprestável, ocioso, verdadeiro peso morto à família. Obviamente, tais pensamentos eram açulados pelos antigos obsessores, que voltavam à carga devido às aberturas psíquicas com as quais Pedro os favorecia. Apenas, mantinha-se afastado dos alcoólicos, por conta dos remédios que era obrigado a tomar, devido à amputação de sua perna. Seu mau humor oscilava, causando preocupação a Olga e aos dois filhos, que estando um pouco mais crescidos, notavam a maior animosidade paterna para com eles. Até então, eram considerados o centro das atenções com os excessos de mimos com que o pai os acalentava.

Certa tarde, recebera a visita de Ambrósio, ex-companheiro de sindicato e minerador, a quem muito estimava pelas colocações justas e ponderadas que fazia. O colega possuía mediunidade e frequentava o mesmo terreiro de umbanda que Olga, sem saber das relações de amizade e laços em que os três estavam envolvidos. O médium não era acostumado a maiores conversações após as reuniões, daí sua pouca sociabilização com o grupo. Contudo, ao ver Olga na casa de Pedro, logo juntara os fatos e cumprimentou o casal com mais entusiasmo, dizendo:

- Pedro, meu amigo, venho aqui hoje com uma incumbência, mas vejo que minha tarefa será facilitada, porque sua esposa será também nossa porta-voz. Nunca comentei com você, mas sou da Umbanda e frequento as mesmas reuniões que sua esposa. Por coincidência do destino, não sabia que ela era a sua esposa e em nossa última reunião, recebi um recado para você: você foi convidado para ir na próxima *"Gira"*[60] para conversar com o *"Caboclo"*.

Pego de surpresa, Pedro não sabia que seu amigo frequentava as mesmas reuniões que a esposa, ficando sem graça de responder negativamente para o colega, apesar das inúmeras negativas aos convites feitos por Olga, deste modo, acabou por aquiescer, aceitando assim o convite fraternal.

No dia aprazado, amparado pela esposa, o ex-militar adentrou no recinto e a tudo observava atentamente. Não cultuava nenhuma religião, apesar de sua mãe haver-lhe ensinado a rezar e, volta e meia, falava-lhe de Jesus. Acabou crescendo alheio à fé,

---

[60] Gira ou Jira (no idioma quimbundo, nijra, caminho). Na Umbanda, é a reunião, o agrupamento de vários espíritos de uma determinada categoria, que se manifestam através da incorporação nos médiuns. A gira pode ser festiva, de trabalho ou de treinamento.

conservando certa revolta no coração pela miséria e pela perda do pai prematuramente.

Determinada hora, o grupo fora para a parte externa da edificação, e ao som dos atabaques, das danças e do clima da reunião, Pedro fora deixando-se envolver pelo momento, até a hora em que uma entidade incorporada no *"aparelho"*[61] apresentou-se como *Caboclo das sete flechas* e de maneira ríspida e seca voltou-se a Pedro e disse:

*- Vejo que o velho Marechal não perdeu a arrogância de outrora, observo que em seu coração, as velhas tendências ainda falam mais alto. Não possui mais suas ordenanças para comandar e as duas pernas livres para sair por aí e se impor. Isto deve ser, para seu Espírito orgulhoso, verdadeiro desafio, não?*

Aturdido pelas palavras, a princípio sem sentido, Pedro inconscientemente fora tocado nas suas fibras mais intimas, pois, em verdade, era sim um Espírito orgulhoso e justamente este orgulho lhe preenchia os atuais pensamentos. Afinal, fora preso injustamente, ocorrera o acidente na mineradora com a amputação de uma perna, ocorrera a aposentadoria precoce e a vida em sua casa era apenas ociosidade. Tudo isso lhe revoltava e seus pensamentos assomados aos dos obsessores faziam-lhe sentir-se injustiçado. Contudo, agora com a perquirição do Caboclo, começava a perceber a sua conduta irascível. Dali a alguns instantes o Caboclo arrematou:

*- A vida, meu irmão, nada mais é que a colheita de nossa sementeira anterior. A pedra só se desgasta*

---

[61] Aparelho ou cavalo, nome dado ao médium de incorporação.

*no bater do cinzel e, na aridez do sertão só vive o adaptado à secura. Hoje, para os seus olhos, a colheita parece apenas de palmas e espinhos, ainda assim, a palma serve para alimentar o rebanho sedento e o espinho serve para tecer o gibão. Por isso, Marechal, dobra a tua espinhela e aceita como bênção o chicote benfeitor, que faz soltar a casca do orgulho e da arrogância.*

Após estas palavras, outra entidade incorporava, mas agora designado como *Exu*[62], fazendo movimentos bruscos e violentos, gritando alguns nomes e frases incompreensíveis, movimentando-se em volta de Pedro, que começara a ficar com a respiração ofegante e o coração acelerado, até perder os sentidos e cair ao chão, sendo amparado pelos assistentes e pela entidade que estavam a sua volta.

Passado o desmaio, Pedro acordara sentindo-se mais leve, mais tranquilo e com o coração mais aliviado. Não entendia o que havia se passado ali, mas, com certeza, tudo aquilo lhe fizera muito bem, pois há muito tempo não se sentia tão relaxado, o que o levou a reflexões mais profundas.

Desde a enigmática reunião no terreiro que Olga frequentava, Pedro se sentia bem melhor, despertando-lhe a vontade de voltar às reuniões e, mais que isso, começou a se interessar pelas questões práticas e devido à sua índole perquiridora, aprofundou-se nos estudos, acabando por ser

---

[62] **Exu** nas religiões de matriz africana, é uma egrégora de espíritos, que podem estar em diversos níveis de discernimento, que auxiliam nos trabalhos espirituais, incorporando ou não nos médiuns.

batizado e, também, a participar das práticas como aparelho. Agora, com mais tempo livre, passou a se dedicar regularmente às reuniões religiosas proporcionando-lhe melhor ocupação mental e social também. O grupo realizava pequenas ações sociais na comunidade e com o reforço de Pedro ampliaram-se as ações, pois ele era portador de grande energia para as ações práticas.

Olga e filhos finalmente estavam harmonizados com o esposo, que, por intuição, começara a realizar alguns trabalhos artesanais, vendendo-os aqui e acolá. Como tinha muita habilidade manual, suas peças começaram a fazer sucesso na vizinhança e nas pequenas feiras do comércio local, levando outros comércios, fora da cidade, a procurarem por seus artesanatos. O fruto destas vendas trouxera-lhe estabilidade econômica e psicológica para si e para a família. Pedro finalmente reajustava-se para com a lei divina e para consigo mesmo, tendo na religião a contrapartida fluido-energética necessária e, na caridade fraternal, o lastro moral, diretrizes que tanto Jesus ensinara-nos em seu Evangelho.

## Cap. XXI – Aprendendo o Amor verdadeiro

Diante dos vários cenários que se sucederam, a família Brandão prosseguiu firme, abraçando e esposando os alicerces que a Doutrina consoladora lhe proporcionava. Após os difíceis períodos de crescimento espiritual, pelos quais Amanda passara, como: a obsessão e o esclarecimento de Leôncio, o verdugo de outrora; os encontros da Mocidade; a musicoterapia; a formação no curso de Direito e, posteriormente, a administração do escritório do pai, que, aos poucos, foi lhe passando o bastão, agora, aos trinta e quatro anos, a advogada se sentia plena e satisfeita com a condução de sua vida. Não obstante estar sozinha, sentia-se feliz e, ultimamente, vinha acalentando a ideia da adoção.

Em verdade, não conseguia enxergar-se casada e mãe como tradicionalmente se vê, mas sentia os impulsos maternos baterem fundo em seu coração e, muitas vezes, sonhava com um pequerrucho da cor preta, de sorriso tão alvo, que a encantava, a ponto das lágrimas correrem-lhe dos olhos. Vez ou outra, comentava este sonho com os pais que, num primeiro momento, não se atinaram aos verdadeiros sentimentos que se sustentavam por trás daquelas palavras, até o dia em que Amanda comentou ter dado entrada em um processo de adoção e Marília retorquiu:

- Minha filha, você é ainda jovem. Tenha paciência e, quem sabe, a Providência divina não estará lhe reservando um esposo amorável e daí advir preciosos filhos legítimos.

- Não, mãe, não sinto, em meu íntimo, que vim à Terra para constituir esse tipo de família, todavia a adoção exerce sobre mim um império incoercível. Antevejo um lar sim, mas fruto dos filhos do coração e não do sangue. Não consigo exprimir isto em palavras, mas desde criança sempre fui tocada pelo termo adoção. Esta ideia sempre me foi agradável e, de dois anos para cá, isso tem se tornado um tipo de obsessão. Muitas noites, sonho com uma criança preta, com um sorriso maravilhoso que me emociona de tal forma que, quando acordo, tento buscar em minha mente a sua fisionomia para, quem sabe, encontrar alguém a sua semelhança.

- Filha minha, a adoção já é uma opção difícil para um casal e para uma mãe solteira será muito mais difícil e ainda uma criança preta... Acredito ser algo acima de suas forças.

Dito isso, Amanda empertigou-se, respondendo a mãe de forma meio seca:

- Vejo que a Doutrina Espírita fez pouco avanço em seu coração. Carrega ainda consigo muitos preconceitos que o vovô e a vovó professaram. Onde está a fé raciocinada, o amor e a fraternidade que você tanto estuda e ouve falar lá no centro?

Pega assim de surpresa, com a dura verdade colocada pela filha de forma clara e objetiva, titubeante, a mãe respondeu:

- Não é bem assim, filha, necessário se faz ponderar muito para decisões tão importantes em nossas vidas.

- Tens razão, mamãe, esta é a decisão mais importante de minha vida. Porquanto, vem ela sendo construída há anos, através de vários indícios que perpassaram por minha mente. Como, volta e meia, relato-lhes, ultimamente venho sonhando com isso. Um dos motivos pelo qual fiz o curso de Direito, foi também conhecer, com profundidade, a legislação pertinente à adoção. Como pode notar, nada até aqui foi fruto do imediatismo, mesmo porque, os homens que tenho encontrado, de uma maneira geral, nunca cativaram em verdade meu coração. Alguns namorados que tive, quando mencionava a vontade da adoção, faziam até chacotas. Então veja, mãe, levo este assunto com a maior seriedade possível.

Fernando que até então escutara calado a conversação entre mãe e filha, deu enfim o seu posicionamento.

- Amanda, tenho refletido em suas palavras desde o começo e, a princípio, pareceram-me um tanto despropositadas, seja pela idade que hoje tem ou pelas oportunidades futuras que ainda lhe aguardam. Entretanto, ponderando um pouco mais, em especial, pelo que a própria Doutrina nos ensina, a adoção é sublime demonstração de amor e desapego. Aqueles que assim procedem, agem como Jesus nos ensinou, tal qual na passagem em que diz: *quando o fizeres a algum desses pequeninos a mim o farão.*[63] Vejo que tem crescido como criatura, minha filha, tenho a observado há muito, seja nas questões do escritório ou nas demais de sua vida e, agora, com essa atitude, vejo que realmente amadureceu. Você sabe como somos *"melosos"* com Melissa e

---

[63] Mateus 25,40.

Rafaelzinho, os nossos netinhos, que são a alegria de Marcelo, mas também a nossa. Tenho certeza de que eu e sua mãe nos derreteremos como manteiga, se adotar um pequenino e a cor de sua pele não importará, pois nós o amaremos de qualquer jeito.

Ouvindo isso, as lágrimas de Amanda brotaram aos borbotões, contagiando também Marília, que logo caiu em si em sua postura preconceituosa, sem se dar conta, de que passara em sua mente, o que seus pais falariam, afinal o mundo da aristocracia é duro demais em muitas ocasiões.

Após alguns meses e com o avanço dos trâmites burocráticos, Amanda passara a visitar alguns lares de crianças para adoção e, em sua terceira visita, ficara muito impressionada com um menininho preto de olhos arregalados, dono de um sorriso contagiante. Toda vez que Amanda fazia-lhe cócegas na barriguinha, a criança abria um sorriso marcante, que cativou em cheio o coração da advogada, não lhe deixando mais dúvidas, de que este era o escolhido.

Feito o levantamento da ficha da criança com a assistente social da instituição, logo o seu nome fora encaminhado para o juizado de menores e, em quatro meses, Amanda levava a criança para a sua casa, com o coração transbordando de alegria e esperança. Como ainda morava com os pais, a rotina dos Brandões era agora preenchida por choros, fraldas e papinhas, mas repleta de carinho e otimismo.

Fernando, por estar aposentado, dedicava-se completamente à casa espírita. Trabalhou em todos os setores que a casa oferecia, contudo começara a se aventurar fora das quatro paredes da instituição. De uns cinco anos para cá, desenvolvera o gosto pelas exposições doutrinárias voltadas ao público, tendo em vista a sua inteligência brilhante e a facilidade de oratória, adquirida anos a fio na profissão, em especial na sustentação do júri popular. Enfim, tornara-se um ótimo palestrante e suas preleções foram ficando cada vez mais conhecidas, passando a ministrar palestras em outras casas, em outras cidades e inclusive na capital.

Todas as nossas ações, quando realizadas com amor, dedicação e responsabilidade, retornam para nós por acréscimo de Misericórdia divina, ressarcindo nossos débitos de antanho e, ao mesmo tempo, construindo, para o futuro, bases sólidas, a fim de facilitar novas investiduras. Os textos carregados de retórica e tendencionismo político do passado eram agora substituídos por doces exortações a uma vida melhor em companhia do Cristo de Deus. A lei do retorno criara novas diretrizes e, sem se dar conta, o ex-político crescia espiritualmente, de forma a contribuir com o futuro glorioso da Pátria do Evangelho, aplainando o terreno para os novos missionários arregimentados por Ismael, solidificando nesta terra abençoada, a insigne: Brasil, escola de almas.

# Cap. XXII - Conclusão

A merencória luz da vida também é dádiva celeste ofertada a todos aqueles que buscam, com plena convicção, o crescimento espiritual. A tarefa não se resume a simples ato aquisicional, mas se traduz em processo lento e gradativo, em que o Espírito imortal, de tempos em tempos, refaz a sua trajetória, através de análise profunda, buscando erros e acertos de forma a capacitar-se, empenhando-se em melhorar, onde as falhas se fizeram mais presentes e atuantes. Nesta busca interior, muitas vezes, defronta-se com as suas mais rudes fraquezas, colocando-lhe à mostra a sua pequenez perante o glorioso futuro que lhe aguarda.

Quando ainda permeado pelas falsas Ilusões, tegiverseia, retardando-se diante dos desafios que, cedo ou tarde, deverá enfrentar. Quando já despido do orgulho e da vaidade, busca, nas duras provas da vida, a ascensão que já consegue vislumbrar, antevendo o galardão da verdadeira felicidade. Portanto, seguir adiante é lei suprema, que toda criatura logra para mais rápido atingir a perfeição celeste aludida pelo Divino Instrutor. As civilizações, em todas as épocas da humanidade, buscaram conquistar o poder, através da ascendência dominadora sob os mais fracos, revelando ainda estarem atreladas ao ativismo das sensações materiais.

No entanto, nunca lhes faltaram estrelas-guias a indicarem o caminho da elevação espiritual em detrimento ao material. Assim fora com as lições preciosas ofertadas por Krishna, Sidarta Gautama, Hermes Trismegisto, Zoroastro e, em especial, Jesus. O crescimento, sempre esteve e sempre estará atrelado ao movimento libertador das paixões mundanas e das atavias falaciosas. Entre erros e acertos, tem o homem conquistado cada vez mais o conhecimento moralizante. Sob este aspecto, necessário se faz a presença do processo cunhado de Palingenesia, há muito conhecido por vários povos e religiões. Nascer aqui, acolá e alhures permite ao Espírito Imortal experiências específicas, onde cada estação estará jungida aos costumes sociais, culturais, geográficos e climáticos.

Adaptando-se o Espírito nesta ou naquela condição, permitir-lhe-á usufruir tais facilidades e tirar o melhor proveito, conforme a sua evolução moral e espiritual. As terras brasileiras, desde a sua formação, têm se revelado escola avançada de aprendizado. Suas características especialíssimas, a contar por sua extensão territorial, alberga os mais diversos biomas com suas respectivas particularidades; atrai, para seu seio, enorme miscigenação de crenças, de credos, de culturas e de sentimentos. Sua história, notadamente, possui características únicas, a iniciar-se pela própria colonização, que adquiriu atributos outros com a vinda dos próprios colonizadores, isto é, dos monarcas lusitanos, que aqui residiram, fugindo da perseguição política em sua terra natal, desta forma, o *status quo* de mera colônia modificar-se-ia para outro patamar.

Seu solo fértil, sua mata exuberante, sua fauna profícua e seus recursos naturais, logo permitiram a seus governantes lucros e dividendos, mas advindo, também, a ganância e o crescimento dos interesses escusos. Neste jogo de forças, os braços misericordiosos do Cristo e de seus prepostos nunca deixaram de operar na manutenção de seus sacrossantos objetivos, escalando Espíritos valorosos para atuarem firmes no desenvolvimento da Pátria do Evangelho. Sem sombra de dúvidas, Longinus tornou-se a pedra angular para o alicerce dos objetivos do Cristo. Sua descida, ao solo brasileiro, marcou profundamente esta pátria abençoada, assim como muitos espíritos evoluídos que o acompanharam, de forma a lhe auxiliar na grande tarefa.

Desvios e dificuldades fazem parte do crescimento espiritual, portanto as dissensões políticas e sociais ainda encontrarão guarida no seio coletivo deste mundo de provas e expiações. Conquanto, Deus, em sua infinita Bondade e Justiça, sabe aquilatar em cada coração, o quanto se errou por ignorância e o quanto se errou por maldade, permitindo utilizar os próprios erros, como valiosos recursos didáticos. Destarte, enquanto o homem não vivenciar verdadeiramente as lições do Cristo em seu coração, recolherá o sofrimento de suas próprias ações.

A monarquia, o parlamentarismo, a república, a democracia, etc. são verdadeiros estágios de aprendizado, pelos quais os homens necessitam passar, de modo a aprenderem, até compreenderem as lições derradeiras ofertadas pelo Cristo, *no fazer ao próximo aquilo que para si gostaria*. Dia virá que esta máxima estará na legislatura dos governantes, estabelecendo modelo político ideal e conviver coletivamente será a mais pura demonstração de solidariedade e fraternidade, transformando a vida em um compartilhamento de alegria e de paz.

Nosso Brasil terá papel de destaque dentre as nações, não mais como modelo econômico ou militar, mas na demonstração da mais pura fraternidade e caridade de uns para com os outros. Enquanto este tempo não vem, nascer, crescer e viver em terras brasileiras representarão a oportunidade bendita de colocar em prática as diretrizes cristãs. Coragem, determinação e fé são prerrogativas de todo cristão, e diante deste imenso desafio, Cristo nos permitiu aqui nascer, para que possamos colocar em prática aquilo que, outrora, a Ele prometemos, portanto, meu irmão, segue, pois, firme e vence a si mesmo.

*Irmão Metelo*

## Outras obras do Irmão Metelo psicografadas e escritas por Mario Mazzei.

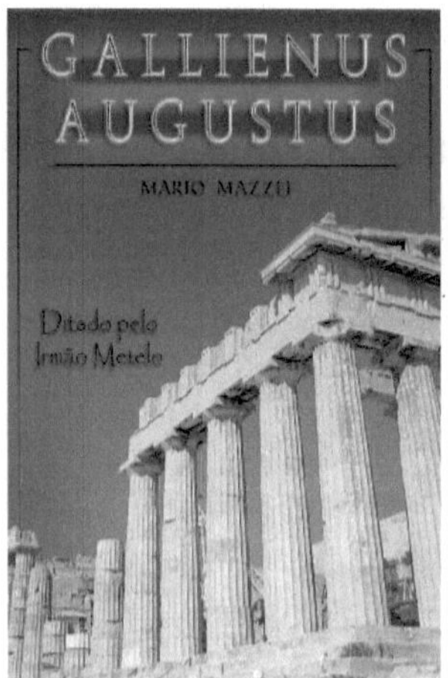

O romance mediúnico Gallienus Augustus é uma empolgante história da vida de Galiano, que assumira o poder em 260 DC após a morte do pai, o imperador Valeriano. Por sua vez, ao assumir o legado paterno encontra Roma falida, corrupta e devassa. Suas medidas disciplinadoras iniciais não foram nada populares, contudo contando com o apoio de parte do Senado e das patentes mais elevadas do exército, enfrenta a terrível crise do terceiro século, além é claro das constantes ameaças fronteiriças.

Na segunda parte do livro encontramos os desdobramentos da lei de causa e efeito, agora vivendo sob nova roupagem, tendo como personagem principal, Metelo Pólux, governador da Sardenha. Este vive o drama de assumir-se como cristão, tendo em vista as terríveis perseguições oriundas do período tetrarquico em especial, a sanha perseguidora do Imperador Galério. Cheio de passagens históricas e densa trama traz informações importantes de dois períodos distintos do Império Romano.

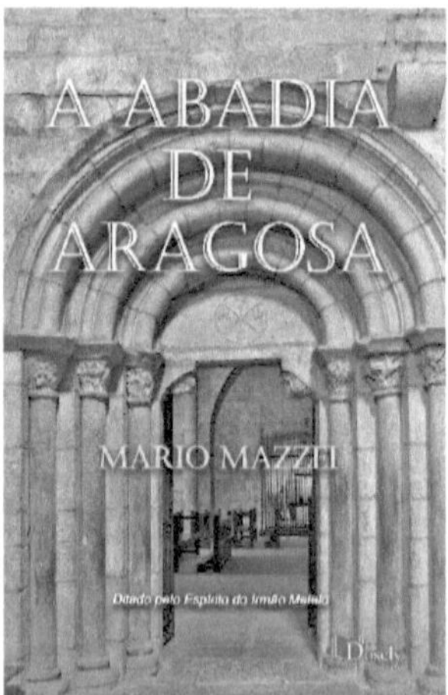

O Abadia de Aragosa é um romance que retrata um período marcante na história da Espanha. A subida ao trono de Dom Fernando II e Isabel I, os famosos "Reis Católicos", originou profundas modificações em toda a Europa. Com o incentivo à política expansionista marítima levada a efeito pelo então almirante Cristovam Colombo e a sua respectiva descoberta da América, aliado a consequente instalação do Tribunal do Santo Ofício, outorgou a Espanha tremendo poder e prestígio. A corrupção, a ganância e a deturpação das leis do Cristo também assinalaram vertiginosa queda de suas instituições, demarcando a luta entre o bem e o mal.

A igreja como instituição milenar, teve nos primeiros cristãos, um modelo, um guia bem como a inspiração para muitos mártires, que ao longo da história sucumbiram dentro dos monastérios e das abadias, retratando para posteridade os testemunhos de amor ao Cristo de Deus. A instituição humana é escola divina de eterno aprendizado, e ninguém ficará impune aos olhos de Deus, pois a quem muito foi dado muito será cobrado, assim nos ensinara o excelso instrutor.

O Terra Brasilis, desenrola-se no Brasil Colônia entre os séculos XVII e XVIII em São Luís do Maranhão, nas antigas fazendas canavieiras coloniais. A escravidão, consequentemente o tráfico de escravos e a cultura da cana de açúcar, foram o alicerce da econômica durante boa parte do período colonial. A fazenda Boa Ventura é palco de terríveis tramas cujos destinos entrelaçam-se na inexorável Lei de Causa e Efeito. O homem, ainda se obstina em acumular riquezas e bens transitórios, na satisfação do imediatismo e desde então, para atingir tal objetivo, vêm guerreando, usurpando, conquistando e escravizando seus irmãos, impondo de forma cruel, seus mesquinhos anseios e sórdidos desejos, muitas vezes acrisolando ideais nobres e sentimentos gentis, com grilhões e chibatas. Nosso irmão Metelo revela nesta trama, a mesquinhez humana regida pela ambição e pelo poder, mas também nos ensina que a misericórdia divina está presente em todos os atos de nossas vidas, aproveitando os nossos próprios erros, para nos ensinar lições preciosas, através da inevitável reparação.

Sob o Império do Sol, aborda em sua primeira parte algumas passagens da civilização Maia, que após a dos Atlantes, talvez tenha sido a mais enigmática da humanidade. É sem sombra de dúvidas, que podemos elencar, que as densas florestas mesoamericanas e muitos *"Cenotes"* localizados perto das faixas litorâneas do Caribe, guardam ainda segredos, que pouco a pouco a ciência vem revelando. Em especial, este romance em sua primeira parte, nós vamos conhecer a história de Akyaabil, rei Maia e de seu séquito, no enfrentamento à terrível invasão espanhola, com a chegada de Cristovam Colombo e posteriormente outros conquistadores, cuja ferocidade é demonstrada na história em geral e nas várias passagens desta obra.

Na segunda parte, vamos encontrar alguns dos personagens, renascendo na *"Nova Espanha"*, em particular na Guatemala, com propósitos pré-definidos dentro da lei de causa e efeito, vivenciando resgates e provas tendo como apoio, o espiritualismo nascente dos Estados Unidos da América e posteriormente, a filosofia espírita através da codificação Kardecista. Aborda ainda, problemas comuns das organizações espiritistas cristãs, que ainda incipientes dos mecanismos divinos, são alvo de diversas perturbações por parte dos inimigos do Cristo

O livro "Radiografia Espírita das Escrituras Sagradas - Um Estudo Comparativo" é uma análise sob a ótica espiritista das assertivas, passagens e fenômenos do Antigo e Novo Testamento. A obra carrega em seu bojo a missão de retirar a máscara litúrgica dos textos sagrados, impregnada no senso comum por séculos. Só agora o homem começa a compreender que os milagres e os fatos fantásticos descritos na Bíblia são acontecimentos naturais, regidos por leis naturais — conhecimento esse que veio com o advento do espiritismo, comumente chamado de "O Consolador Prometido".

Além disso, é um instrumento de estudo comparativo e análise das questões doutrinárias contidas na Bíblia em paridade com as fornecidas pelo Pentateuco Kardequiano e as ditas, obras complementares. Desde épocas imemoriais foram elas introduzidas pelo plano espiritual, *os ministros de Deus e os agentes de sua vontade* referidos por Kardec, em realidade o livro funciona como uma fonte de pesquisa comparativa. Concluída a sua leitura, perceberá o leitor amigo, que tanto o "livro sagrado" como a codificação Kardecista tiveram uma "única" fonte e um único objetivo: **A instrução do homem.**

## Obra no prelo

Para adquirir as obras do Irmão Metelo, psicografadas por Mario Mazzei:

E-books: amazon.com.br

Em forma de papel:

Site: www.sementesdaboanova.org/loja

Fone: 12 99613-2114

E-mail: contato@sementesdaboanova.org

Centro Espírita Joanna de Ângelis

Av. Dona Maria Alves, 1436 – Umuarama – Ubatuba - SP